Von Uhrenfischen und einem fliegenden Schrank

Einladungen
zum kreativen
Schreiben
mit Kindern

Annelie Streit

Verlag an der Ruhr

Titel
Von Uhrenfischen und einem fliegenden Schrank
Einladungen zum kreativen Schreiben mit Kindern

Autorin
Annelie Streit

Titelbildillustration
Dorothee Wolters

Verlag an der Ruhr
Mülheim an der Ruhr
www.verlagruhr.de

Geeignet für die Klassen 1–4

Unser Beitrag zum Umweltschutz
Wir sind seit 2008 ein ÖKOPROFIT®-Betrieb und setzen uns damit aktiv für den Umweltschutz ein. Das ÖKOPROFIT®-Projekt unterstützt Betriebe dabei, die Umwelt durch nachhaltiges Wirtschaften zu entlasten.
Unsere Produkte sind grundsätzlich auf chlorfrei gebleichtes und nach Umweltschutzstandards zertifiziertes Papier gedruckt.

Ihr Beitrag zum Schutz des Urhebers
Das Werk und seine Teile sind urheberrechtlich geschützt. Jede Verwendung in anderen als den gesetzlich zugelassenen Fällen bedarf der vorherigen schriftlichen Einwilligung des Verlages. Im Werk vorhandene Kopiervorlagen dürfen vervielfältigt werden, allerdings nur für jeden Schüler der eigenen Klasse/des eigenen Kurses. Die dazu notwendigen Informationen (Buchtitel, Verlag und Autor) haben wir für Sie als Service bereits mit eingedruckt. Diese Angaben dürfen weder verändert noch entfernt werden. Die Weitergabe von Kopiervorlagen oder Kopien an Kollegen, Eltern oder Schüler anderer Klassen/Kurse ist nicht gestattet.
Bitte beachten Sie die Informationen unter **schulbuchkopie.de**.
Der Verlag untersagt ausdrücklich das digitale Speichern und Zurverfügungstellen dieses Buches oder einzelner Teile davon im Intranet (das gilt auch für Intranets von Schulen und Kindertagesstätten), per E-Mail, Internet oder sonstigen elektronischen Medien. Kein Verleih. Zuwiderhandlungen werden zivil- und strafrechtlich verfolgt.

© **Verlag an der Ruhr 2011**
ISBN 978-3-8346-0776-8

Printed in Germany

Inhaltsverzeichnis

Grundsätze der Schreibwerkstätten 5
Meine Einladung an Sie 6
Einige meiner Grundsätze 8
Der Aufbau der Schreibwerkstätten 13
Jetzt geht's los – Drei Themen zum ICH 14

Schreibwerkstatt 1 zum Ich:
Immer wieder ICH 15
In aller Kürze 16
Einstimmung: Individualität bestärken 17
Anleitung: Formen vermitteln 21
Gestaltung: Malen und erzählen 27
Präsentation: Einander zuhören 33

Schreibwerkstatt 2 zum Ich:
Masken sprechen lassen 39
In aller Kürze 40
Einstimmung: Gefühle ausdrücken 41
Anleitung: Treffende Wörter finden 42
Gestaltung: Gestalten und erzählen 44
Präsentation: Mitfühlen können 46

Schreibwerkstatt 3 zum Ich:
Anders sein 49
In aller Kürze 50
Einstimmung: Neugier wecken 51
Anleitung: Situationen ausmalen 52
Gestaltung: Sich öffnen 55
Präsentation: Vertrauen erleben 58

Fantasiewörter-Werkstatt
Fantasiereise auf dem Wörterfluss 63
In aller Kürze 64
Einstimmung: Situationen schaffen 65
Anleitung: Ideen wecken 66
Gestaltung: Ideen fördern 68
Präsentation: Anerkennung erleben 75

Inhlaltsverzeichnis

Märchen-Werkstatt 1:

In jedem kann ein Zauber sein 81

In aller Kürze 82
Einstimmung: Zauber entdecken 83
Anleitung: Vorstellungen wecken...................................... 84
Gestaltung: Varianten ausprobieren 89
Präsentation: Feinfühlig reagieren.................................. 95

Märchen-Werkstatt 2:

Multikulturelle Märchen verbinden 101

In aller Kürze 102
Einstimmung: Sätze schenken..103
Anleitung: Poesie erspüren....................................104
Gestaltung: Wortgefühl entwickeln 108
Präsentation: Autoren lesen.. 112

Märchen-Werkstatt 3:

ANDERs reiSEN 121

In aller Kürze 122
Einstimmung: In Szene setzen..123
Anleitung: Märchen produktiv machen 124
Gestaltung: In Ideen versetzen 127
Präsentation: In Märchen hineinhören 131

Mein Credo – Kinder stark machen 136
Medientipps 138
Abbildungen 139

Grundsätze der Schreibwerkstätten

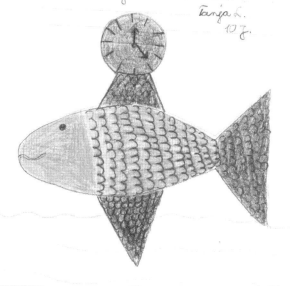

Der Uhrenfisch

Es gibt einen Teich im Wald, wo sehr komische Fische leben, zum Beispiel ein Igelfisch oder ein Seerosenfisch. Aber einer, der übertrifft alle anderen, er springt fast jede Minute aus dem See, hält mit seiner Flosse eine Uhr in die Luft und sagt die Zeit an. Das finde ich gut, so können Spaziergänger nie zu spät nach Hause gehen.

Tanja L.
10 J.

Grundsätze der Schreibwerkstätten

Meine Einladung an Sie

Bitte nehmen Sie Platz auf dem Stuhl, den ich Ihnen hinstelle.
Eigentlich müsste ich mich Ihnen jetzt vorstellen.
Aber das überlasse ich erst mal jemand anderem …

„Freitagnachmittag steige ich auf den Pegasus und fliege zwei Stündchen durch meinen Bauch. Ich fliege nicht alleine. Ein bunter Haufen junger Menschen, die von innen strahlen wie ein großer dritter Stern von links, füllt weiße Blätter mit ehrlichen Worten. Wir leuchten, weil jemand den Knopf gefunden hat, den man drücken muss, um uns glücklich zu machen.
Und dieser Mensch ist Frau Streit.
Unsere Knöpfe sind so versteckt, dass nicht einmal wir selbst sie finden. Aber Frau Streit hat in jahrelanger Leidenschaft herausgefunden, wo diese Knöpfe zu finden und zu drücken sind."

Axel, 22 Jahre

Diese Sätze hat der 22-jährige Axel für mich geschrieben. 11 Jahre alt war Axel, als er zum ersten Mal in der Bibliothekstür stand und die Schreibgruppe, den „bunten Haufen", fragte: „Ist das hier der Pegasus-Club?" Auf unsere Zustimmung stellte er fest: „Dann bin ich hier richtig", und blieb.

Jeden Freitag trafen sie sich hier mit mir in der Bibliothek, wollten Spaß haben, schwatzen, erzählen, zuhören und sich zum Schreiben anregen lassen. Ich hörte zu, hatte Spaß, erzählte, schwatzte – und fand ihre Knöpfe.

Wir hatten Zeit, miteinander vertraut zu werden, was so nötig dafür ist, weiße Blätter mit ehrlichen Worten zu füllen und nötig dafür, sie einander anzuvertrauen.

Von Uhrenfischen …

Grundsätze der Schreibwerkstätten

In die Schreibgruppen kommen die Kinder freiwillig, einer bringt den anderen mit. Manchmal geben die Eltern den Anstoß. Aber die Kinder bleiben nur, wenn sie es selber wollen.

Anders ist es mit den thematischen Schreibwerkstätten, in denen die Kinder nach Einstimmung und Anleitung ihre Gefühle und Gedanken zu einem Thema literarisch gestalten. Nicht alle wollen dann unbedingt schreiben. Manche stöhnen auf, wenn sie bloß das Wort hören.
Auch ihre Knöpfe muss ich finden, schnell.

Beim Abschied, wenn sie alle mit ihren eigenen Texten nach Hause gehen und mir jemand ganz inoffiziell sagt: *„Das hat Spaß gemacht!"*, erlebe ich: Es ist mir wieder gelungen.

Ich habe ein Anliegen.
Seit ich auf den Gedanken gekommen bin, über meine Arbeit zu schreiben, habe ich mir dieses Buch erträumt. Ich will darin meine Erfahrungen und meine Methoden weitergeben, wie ich die Kinder zum kreativen Schreiben ermutige und befähige.
Auch von meinen Gedanken will ich schreiben, die mich von einem zum anderen Mal bewusster und sicherer handeln lassen.
Ich habe dieses Buch mit Liebe geschrieben.
Und so, dass Sie beim Lesen die Kinder sehen und hören können.

Stellen Sie sich also 25 Mädchen und Jungen vor.
Sie sitzen im Kreis, schwatzen und lachen, sie warten auf die Schreibwerkstatt. Und nun setzen Sie sich einfach dazu. Erleben Sie, wie ich die Kinder zur Ruhe kommen lasse, wie sie aufmerksam werden und sich öffnen für das Thema, das ich ihnen anbiete. Erleben Sie mit, wie sie erzählen und schreiben. Mein Buch soll der Stuhl für Sie sein.

In mehr als 40 Tagebüchern habe ich den Verlauf meiner Schreibwerkstätten festgehalten. Ich zitierte dazu aus Gesprächen, hielt kleine Episoden fest und notierte meine Überlegungen zu Varianten und Verbesserungen. Wenn ich in diesen Büchern lese, muss ich nur die Augen schließen und es mir wieder vorstellen:

Wie war das mit dem Anderssein? Wie mit den „sprechenden Masken"? Wie mit der Fantasiereise auf dem Wörterfluss?

... und einem fliegenden Schrank

Grundsätze der Schreibwerkstätten

Schon sehe ich die Kinder vor mir, höre sie erzählen, spreche mit ihnen und bin glücklich über die vielen Erfahrungen mit ihnen.

„Wem das Herz voll ist, dem geht der Mund über."

So heißt es im Sprichwort. So ist mein Buch aus den vielen Arbeitsbüchern entstanden, die in mir lebendig sind.

Mein Buch soll ein Anregungsbuch sein.

Meine Erfahrungen zeigen Möglichkeiten. Sie sind Angebote, keine allgemeingültigen Konzepte. Ich erzähle, was in meinen Schreibwerkstätten geschieht und vor allem, wie es geschieht.

Wie bringe ich die Kinder dazu, sich zu öffnen? Wie ermutige ich sie, in Geschichten und Gedichten über sich zu schreiben?
Wie wecke ich Wörter und Bilder in ihnen und führe sie zu aussagestarken Sätzen? Wie lasse ich sie Freude und Stolz erleben?
Wie lerne ich von den Kindern?

Einige meiner Grundsätze

Themen finden

Ich muss Themen finden für die Kinder, die sie als ihre annehmen können, obwohl die Lehrer sie mit mir abgesprochen haben und sie ihnen in der Schreibwerkstatt vorgegeben werden.

Manche Themen trage ich lange mit mir herum.
Der Fantasie freien Lauf lassen, mit Wörtern und mit der Sprache zu spielen, sie zu fühlen, zu formen und dieses Spiel zu genießen, das wünsche ich mir für Kinder. Daraus ist z.B. die „Fantasiereise auf dem Wörterfluss" (ab S. 63) entstanden. Ich lasse Wörter einfach schwimmen. Die Kinder werden zu kreativen Anglern.

Manche Themen kommen auf mich zu.
So habe ich es mit den Märchenvarianten erlebt (ab S. 81). Aus dem jährlich wechselnden Motto für die „Berliner Märchen-

Von Uhrenfischen ...

Grundsätze der Schreibwerkstätten

tage" forme ich mir mein eigenes. Mit ihm will ich die Kinder anregen, selbst Märchen und märchenhafte Geschichten zu erfinden.

Manche Themen leben schon in den Kindern.
Sie sind die Spezialisten dafür, denn sie sollen sich auf sich besinnen. Die Kinder sollen Erinnerungen, Gefühle und Gedanken auftauchen lassen und sie zu Sätzen formen. „Immer wieder ICH" (ab S. 15) kann sie dazu anregen, „Masken sprechen lassen" (ab S. 39) oder „Anders sein" (ab S. 49). Auf ihre ganz persönliche Art sollen sie davon schreiben. Dazu ermutige und darin bestärke ich sie.

Atmosphäre schaffen

Ich hole die Kinder an der Bibliothekstür ab. Sie sollen sehen, dass ich auf sie gewartet, dass ich sie erwartet habe.
Ich weiß nicht, ob ihnen das so bewusst wird, aber ich setze sehr aufs unbewusste Fühlen. Gemeinsam gehen wir zum Veranstaltungsraum. Dabei versuche ich, die Stimmung der Kinder aufzunehmen.
Ich lächle sie an, schaue ihnen in die Augen.

Lächeln sie zurück oder schauen sie gelangweilt?
Necken sie einander oder stoßen und schubsen sie?
Klingen sie gereizt oder fröhlich?

Wie eine Stimmgabel fühle ich mich, nehme ihre Schwingungen auf und suche meinen Kammerton A für A wie Anfang.
Im Raum ist alles vorbereitet. Die Stühle stehen im Kreis.
Die Materialien liegen bereit. Wir können beginnen.
Wichtig sind die ersten Gesten, die ersten Worte.
Wenn es mir gelingt, die Kinder zu überraschen, wenn ich sie zum Lächeln bringe, habe ich ihre Aufmerksamkeit.

Kleiner Geheimtipp:
Vor fantasie-intensiven Anregungen dürfen die Kinder in eine Glasdose fassen. „Fantasiebonbons" habe ich mit großen, farbigen Buchstaben auf das Etikett geschrieben. Und: „Ganz langsam

... und einem fliegenden Schrank

Grundsätze der Schreibwerkstätten

lutschen! Die Wirkung tritt nach Sekunden, Minuten oder Stunden ein. Aber sie tritt garantiert ein. Nur fröhliche Nebenwirkungen."
Die fröhlichen Nebenwirkungen treten sofort ein, auf den Gesichtern.

Als ich vor Jahren mit den Schreibwerkstätten begonnen habe, war die Einstimmung nur ein Anhängsel meiner Vorüberlegungen.
Hatte ich ausführlich bedacht, wozu ich die Kinder anregen wollte und vorbereitet, was ich dafür brauchte, war ich eigentlich schon bereit.
Aber ich habe gemerkt, wie viel verloren geht an emotionaler und literarischer Intensität, wenn ich mir das Thema nicht richtig durch Kopf und Herz gehen lasse. **Ich muss die Ruhe haben (und mir geben), mich auf ein Thema einzulassen.** Dann kann ich darauf kommen, wie ich es den Kindern nahebringen kann, dass schon beim Reden Ideen fürs Schreiben geweckt werden.

Heute brauche ich den größten Teil der Zeit dafür, mich erst einmal selbst auf das Thema einzustimmen. Ich muss dazu nicht unbedingt am Schreibtisch sitzen, muss nicht viele Bücher wälzen. Ich schließe nur die Augen und konzentriere mich. **Ich stelle mir das Thema vor und lasse mich darauf ein:**

Was ist das Wesentliche?
Wie kann ich es den Kindern anschaulich und lebendig machen?

Diese Gedanken trage ich mit mir herum, ganz nebenbei, ob beim S-Bahn-fahren oder beim Einkaufen. Und scheinbar plötzlich kommt aus dem Bauch heraus eine Idee für den Beginn. Sie ist wichtig dafür, dass die Kinder das Thema annehmen.

Neugier wecken

Eigentlich bin ich immer in Bereitschaft für die Kinder, ich merke das gar nicht mehr. Ich höre ein Wort im Vorübergehen, lese einen Graffiti-Spruch, spüre die Glätte eines Steins in meinen Händen – und schon ist der Gedanke in mir: Da steckt eine Idee für die Kinder drin, sie anzuregen zum Sehen, zum Fühlen und zum Wörterfinden.

Von Uhrenfischen ...

Grundsätze der Schreibwerkstätten

Mit kleinen, ganz alltäglichen Dingen wecke ich die Neugier der Kinder. Sie ist so wichtig fürs Entdecken und fürs Schreiben: die Neugier auf sich und auf das, was auf dem leeren Blatt Papier entsteht. Kleine Dinge – große Wirkung. Eine Feder zeige ich ihnen. Ein Märchen kann in ihr schlafen. Die Kinder werden es wecken und werden es erzählen.

Ich schwinge eine kleine Glocke und halte eine Schnecke daneben. Glockenschnecke? Schneckenglocke? Gibt's nicht? Doch, gibt's!
Alles fängt mit Träumen an, mit Fantasie.
Die Geschichten dazu müssen nur noch erfunden werden.

Ich halte ein Kästchen hoch.
Wer in diese Schachtel schaut, wird etwas ganz Besonderes, Wertvolles, Einmaliges sehen, steht auf dem Deckel. So führe ich sie zum Ich.

Briefumschläge liegen auf den Stühlen.
Die Kinder holen weiße Blätter heraus, nur ein Kind ein gelbes.
Damit fordere ich sie heraus, übers Anderssein nachzudenken und ihre Gefühle und Gedanken auszudrücken. Schreibstimmung liegt in der Luft.

Vertrauen schaffen

Zum Abschluss wird vorgelesen. „Darf ich meins vorlesen?", höre ich oft. Manchmal aber auch: „Muss ich vorlesen?"
Dürfen, natürlich – aber kein Kind muss.

Mir ist wichtig, dass die Kinder einander zuhören und aufeinander hören können. Dafür muss Zeit bleiben, und ich gebe sie uns. Wo Zeit füreinander ist, kann auch Vertrauen aufkommen.
Die Kinder erleben, dass sie einander vertrauen, einander persönliche Gedanken und Gefühle anvertrauen können. Sie müssen nicht befürchten, ausgelacht zu werden. Sie freuen sich, verstanden zu werden.

Reihum geht dieses Vorlesen, jeder ist einmal Vertrauender. Und wer noch nicht vertrauen will (oder kann), dem kann Mut gemacht werden in unserem Miteinander. Was in den Schreibwerkstätten entsteht, wird nicht zensiert.

... und einem fliegenden Schrank

Grundsätze der Schreibwerkstätten

Die Kinder erleben sich kreativ, fantasievoll und selbstbewusst. Keiner wird enttäuscht, eigentlich enttäuscht von sich selbst: gewollt und nicht gekonnt. **Stattdessen ihre Freude und ihr Stolz: Das habe ich gemacht!**

… Vielleicht sind Sie unruhig geworden, weil sich einfach anhört, was doch so schwer zu machen ist. Aber folgen Sie mir nun in die Schreibwerkstätten. Hören Sie den Kindern zu und lesen Sie ihre Geschichten. Sie werden mit mir staunen über die Gedanken der Kinder. Sie werden angerührt sein von deren Wünschen und Ängsten. Wenn ich so anschaulich geschrieben habe, wie ich es mir wünsche, werden Sie Lust bekommen, so manches mit Ihren Kindern auf Ihre Weise auszuprobieren. Sie müssen dazu nicht in eine Bibliothek gehen. Jeder Klassenraum kann eine Schreibwerkstatt sein. Ich kann Ihnen versichern: Sie werden Freude daran haben.

Von Uhrenfischen …

Grundsätze der Schreibwerkstätten

Der Aufbau der Schreibwerkstätten

Alle Schreibwerkstätten sind gleich gegliedert. Immer können Sie verfolgen, wie die Geschichten und Gedichte der Kinder Schritt für Schritt entstehen.

 Einstimmung: Neugier und Lust auf das Thema wecken

Sie erleben, welche Methoden ich einsetze, die Aufmerksamkeit der Kinder zu gewinnen und sie für das Thema zu motivieren.

 Anleitung: Auf Ideen bringen, literarische Formen vermitteln

Sie erleben, wie im Gespräch Ideen entstehen und wie ich die Kinder befähige, sich wirkungsvoll auszudrücken.

 Gestaltung: Ideen umsetzen, auf Wörter bringen, an Texten arbeiten

Sie erleben, wie die Kinder treffende Wörter suchen und wir gemeinsam ihre Formulierungen überprüfen. Sie können auch erleben, wie ich durch sie immer sensibler werde.

 Präsentation: Mitfühlen und Anerkennung erleben

Sie erleben, wie die Kinder ihre Geschichten und Gedichte vorstellen und einander anteilnehmend zuhören.

Einstimmung und Anleitung geschehen im Kreis.
Zum Schreiben und Zeichnen setzen sich die Kinder in Gruppen oder einzeln an die Tische. Sie können miteinander beraten, doch jedes Kind schreibt seinen eigenen Text. Die Präsentation geschieht wieder im Kreis. Die Schreibwerkstätten dauern zwischen 60 und 90 Minuten (je nach Klassenstufe). Sie werden nicht durch eine Pause unterbrochen, da sonst die Kinder aus ihrer Schreibstimmung kommen.

... und einem fliegenden Schrank

Grundsätze der Schreibwerkstätten

Die vorgestellten Schreibwerkstätten habe ich viele Male durchgeführt, behandle sie aber hier wie eine.

Die Texte der Kinder habe ich ohne ihre Fehler abgeschrieben, weil mir ihre Aussagen wichtiger sind als die Rechtschreibung. Im Buch soll... ...chtig sein, denn die Kinder könnten sich für ihre Fehler schämen. Das will ich nicht. Einige Originale aber zeigen den tatsächlichen Stand.

Die Hauptpersonen sind die Kinder. Sie sind in wörtlichen Zitaten und anderen Reaktionen auf mein Agieren zu erleben. Ihre Textstellen vor und nach differenzierter Arbeit am Wort machen ihre Suche nach treffenden Formulierungen deutlich. Ich bin bei ihnen mit meinem Wissen und Können, mit meiner Aufmerksamkeit für sie und für ihr Schreiben, und mit meinen (selbst-)kritischen Überlegungen.

Wir lernen voneinander und erleben, dass Schreiben eine aufregende und schöne Tätigkeit sein kann (was mir so mancher von ihnen vorher wohl nicht geglaubt hätte).

Jetzt geht's los:
Drei Themen zum ICH

Ich gebe den Kindern eine Bühne, ich gebe ihnen auch das Thema, aber ich mache sie nicht zu Marionetten, die meine Wege gehen sollen.

Ich habe die Spielleitung. Den Text geben die Kinder. Sie sind keine Puppen. Sie sind Persönlichkeiten mit ihren eigenen Gedanken, ihren eigenen Stimmungen, Freuden und Wünschen. Die zu gestalten, will ich sie ermutigen. Wenn sie meine Achtung spüren und meine Beachtung, wächst ihr Vertrauen, wächst auch ihr Selbstvertrauen. So will ich sie führen, will ich sie zu sich führen.

> Kinder müssen ihre eigenen Wege suchen, finden und gehen,
> immer wieder neu, sonst bleiben sie stehen, bleiben wir stehen,
> alle, selbst wenn wir laufen und laufen ...

Von Uhrenfischen ...

Schreibwerkstatt 1 zum Ich:

Immer wieder ICH

Die Kinder denken über sich nach.
Sie erkennen, wie sie sind, was sie wollen
und was sie können.
Sie drücken ihre Gedanken und Wünsche
in kurzen literarischen Formen aus.

...träume, dass ich auf den Wolken laufe.
... freue mich, wenn ich Geburtstag habe.

... lach gerne über lustige Sachen.
... wünsche mir, dass ich auf dem Bauernhof lebe.
... bin traurig, wenn ich allein bin.

... will nicht immer Ärger haben mit meinem Papa wegen Zimmeraufräumen.
... frage mich ob es Engel gibt.

Katja, 9 J.

Immer wieder ICH

In aller Kürze

Material: eine kleine Schachtel mit Spiegel innen und dem Satz außen:
„Wer in diese Schachtel schaut, wird etwas ganz Wertvolles, Besonderes, Einmaliges sehen."
Beispiele für: Akrostichon, Monogramm, Liste, Wiederholung

Arbeitsschritte:

➲ Mit der Spiegelschachtel reihum gehen. Nur kurz hineinschauen lassen.
   Bewusst machen: Jedes Kind ist wertvoll, besonders, einmalig.

➲ Wortstreifen „ICH" in die Mitte legen, auf individuelle Weise mit Stimme
   und/oder Geste nur das Wort „Ich" sagen lassen.

➲ Aufgabe formulieren: Die Kinder werden über sich nachdenken und sich
   in kurzen Formen schriftlich vorstellen.

➲ Formen an Beispielen deutlich machen:
   Namen-Akrostichon, Monogramm, Liste, Wiederholung

➲ Besonderheiten jeder Form erkennen lassen.

➲ Die Formen zur Auswahl geben.

➲ Beim Schreiben besonders bei der Wortfindung unterstützen
   und Worterfindungen bestärken.

➲ Zum Abschluss stellt sich jeder mit einem Text vor
   (keiner muss). Einander zuhören und einfühlen.

Variante: Eine weitere Form kann ein Puzzle sein. In den großen
Buchstaben eines ICH werden Satzanfänge weitergeführt,
z.B. Ich träume …, Ich freue mich ..., Ich bin traurig... (s. S. 15).
Auf farbigen Zeichenkarton geklebt und zerschnitten, kann ein
ICH-Puzzle entstehen.

Tipp: Ein Akrostichon mit dem Namen einer Freundin, eines Freundes
oder anderen Nahestehenden kann auch als Geschenk gestaltet werden.

Immer wieder ICH

„Ich komme von tausend und einer Nacht.
Ich bin ein Sonnenlicht im Himmel."

Christin, 11 Jahre

Von meiner Mutter habe ich den Spruch:
„Ich will, das Wort ist mächtig, sagt's einer ernst und still,
die Sterne holt's vom Himmel, das kleine Wort: Ich will."

Manche hören da Füße aufstampfen und sehen Trotzhörner wachsen.
Ich spüre darin die Willensstärke, scheinbar Unmögliches wahr werden
zu lassen. Auch „Ich kann" zähle ich zu diesen mächtigen Worten.
Wer weiß, was er kann, kann andere achten ohne Neid.

Jedes Kind soll eine Tür öffnen zu sich. Es soll entdecken, wie es ist, was
es will und was es kann. Und das dann sagen, ernst oder fröhlich, laut oder
leise. Jedes Kind auf seine Art. Wir hören ihm zu, einem nach dem anderen.

Einstimmung: Individualität bestärken

Ein Blick in den Spiegel

Für die Einstimmung habe ich eine kleine Schachtel vorbereitet.
Ich habe einen Spiegel in die Schachtel geklebt und auf den Deckel in
geschwungener Schrift den Satz geschrieben:

„Wer in diese Schachtel schaut, wird etwas ganz Wertvolles, Besonderes,
Einmaliges sehen."

Nun sitzen die Kinder um mich herum. Füße scharren, Geraschel und Geflüster
im Raum, aber auch Erwartung. Ein Junge schaut mich skeptisch an.
Zwei, drei Schnatterliesen werden angestupst, still zu sein.

... und einem fliegenden Schrank

Immer wieder ICH

Ich nehme die kleine Schachtel, umfasse sie mit den Händen wie eine Kostbarkeit. Langsam und betont lese ich dann den Satz vor. Ich spüre, wie die Kinder aufmerksam werden, neugierig, gespannt.
Auch ihre Augen zeigen es. Manche lächeln. Wir spielen mit, scheinen sie mir zu sagen.

Den Kindern vertrauen

Ehe ich den Kreis ablaufe, bitte ich: *„Sagt auf keinen Fall, was ihr seht, und macht keinen langen Hals zu eurem Nachbarn."*
Dann gehe ich von Kind zu Kind und halte ihm die Schachtel vor die Augen. Kaum hineingesehen – schwupp! – klappe ich den Deckel wieder zu und gehe zum nächsten Kind.

Auch ich bin neugierig, mache große Augen und spitze die Ohren. Ich will sehen, wie sie reagieren, will hören, was sie sagen. Es ist herrlich, wie verblüfft einige gucken, wie andere lächeln oder sofort Posen einnehmen, sozusagen mit ihrem Spiegelbild kokettieren – alles, ohne etwas vom Inhalt zu verraten.

Ein Junge schaut in die Schachtel und kommentiert: *„Wertvoll? Na ja, 1 Euro."* Sein Nachbar: *„Von wegen. Eine Million!"* Ich: *„Unbezahlbar."*

Zum Abschluss frage ich ein Kind: *„Was hast du gesehen?"*
Oft kommt dann die Antwort: *„Einen Spiegel."* Beim ersten Mal war ich enttäuscht, hatte ich doch die Antwort *„Mich!"* erwartet.
Ich musste erst einmal kurz durchatmen.

Jetzt kann ich sofort reagieren. *„Und wen hast du gesehen?"*, frage ich.
„Mich!" Ringsum wird genickt. Alle könnten so antworten.

Ich vertiefe: *„Jeder hat also sich selbst gesehen im Spiegel. Ihr werdet gedacht haben: Ich – ganz wertvoll? Ich – was ganz Besonderes? Ich – ganz einmalig? Ja, jeder von euch ist ganz wertvoll, ist ganz besonders, ist ganz einmalig."*
Das will ich ihnen deutlich machen. Kinder erleben das viel zu selten.

Von Uhrenfischen ...

Ich hoffe, sich so zu spüren, so aufmerksam zu werden auf sich, das bleibt (ein bisschen) in ihnen.

Anfangs hatte ich Hemmungen, die Schachtel einzusetzen. Wie würden sie reagieren, wenn sie, feierlich eingestimmt, den Inhalt entdecken? Würden sie nicht enttäuscht denken: Ach, bloß ein Spiegel. Oder – noch ehe ich ganz im Kreis herumgegangen wäre – herausplatzen: *„Ein Spiegel! Ein Spiegel!"*

Die Stimmung, die ich schaffen wollte, wäre zerstört, ehe sie aufkommen konnte. Vor dieser Enttäuschung hatte ich Angst. Sie hätte mir weh getan. Aber ich vertraue den Kindern immer wieder, zu meinem Glück.

Kleine Episode

Es war eine sehr lebhafte Klasse. Das war schon beim Hereinkommen zu spüren. Und es war eine sehr freundliche Klasse. Auch das spürte ich sofort. Während meiner Begrüßung immer wieder fröhliche Zwischenrufe, bei der Einstimmung aber Ruhe.

Während der Arbeitsphase saßen dann einige „coole Jungs" nebeneinander, produzierten sich und ihre Coolness. Einer von ihnen malte sich mit breitem Marker rote Punkte auf Nase, Stirn, Kinn und Wangen. Plötzlich rief er: *„Frau Streit, haben Sie mal einen Spiegel?"*
„Ihren Wunderspiegel!", präzisierte sein Nachbar. *„Ihren Zauberspiegel!"*, ein anderer. Ich stutzte: Wunderspiegel? Zauberspiegel?

Nie habe ich den kleinen Spiegel so genannt, nie für mich und nie vor den Kindern. Die Jungen haben ihm diesen Namen gegeben.
Natürlich empfinde bloß ich das als so bedeutsam. Den Jungen sind die Bezeichnungen nur so rausgerutscht. Aber sie wollten doch ausdrücken, dass es kein gewöhnlicher Spiegel ist, sondern ein ganz besonderer.
Sie müssen es also empfunden haben.

 Immer wieder ICH

Auf individuelle Weise „Ich" sagen

Nach der Einstimmung mit der Schachtel lege ich einen Wortstreifen in die Mitte. „ICH" habe ich mit großen Buchstaben daraufgeschrieben und ausgeschnitten.
„*Heute steht ihr im Mittelpunkt*", sage ich. „*Jeder von euch ist ein anderes Ich. Und jeder soll es auf seine Weise sagen, mit Betonung, Gestik, Mimik. Aber nur dieses eine Wort, keinen Satz!*"

Es ist immer wieder ein Glück, wenn die Kinder mitspielen. Langweilig wird es, wenn am Anfang jemand einfach nur „Ich" sagt, ganz ohne Farbe, und es dann nuancenlos weitergeht: „Ich", „Ich", „Ich". Aber da hilft eine Bemerkung, ihren Ehrgeiz anzustacheln.

„Ich!" geht es dann weiter und „Ich?", „Iiiich", „ich" oder „ICH!". Zittrig, fragend, an- oder abschwellend, leise, fast gebrüllt, glucksend, gackernd und kichernd klingt es reihum.

Einmal fliegen die Arme hoch, einmal duckt sich der Körper, einmal piekt ein Finger in die Luft oder zeigt einer von oben auf seinen Kopf, manchmal auch mit beiden Zeigefingern. Ein Junge schauspielert: Er tippt mehrmals gegen eine imaginäre Wand, dreht ein imaginäres Rad, öffnet eine imaginäre Tür, holt etwas heraus und betrachtet es zufrieden.
Wir sind baff, raten: Was soll es bedeuten? Der Junge erklärt: „*Ich habe mein Ich aus dem Safe geholt.*" Er ist wirklich eine Kostbarkeit, keine imaginäre.

Die Kinder sind angesteckt. Sprachlos, doch sehr bewegt geht es weiter. „Ich" wird mit Kreide auf den Boden geschrieben, aus einer Kiste geholt. Ein Junge fotografiert sich, ein Mädchen schaut sich im Spiegel an – alles ohne Gegenstände.

Ein fröhliches Spiel und Lockerheit fürs Schreiben.
Aber eben auch: Jeder zeigt sich auf seine Weise.

 Von Uhrenfischen ...

Anleitung: Formen vermitteln

„Ich" bleibt im Mittelpunkt. Die Kinder haben es gesprochen und gespielt, nun sollen sie davon schreiben. Ich habe kurze Formen vorbereitet, in denen sie von sich erzählen können.
„Was ich euch zeige, sind Angebote, nicht Aufgaben, die abgearbeitet werden müssen", beruhige ich sie zu Beginn. Ich höre Erleichterungsseufzer. Sie hören mir viel bereitwilliger zu.
Die Beispiele werden für sich sprechen.

1. Form: **Namenakrostichon**

„Wie heißt du?", frage ich unvermittelt ein Mädchen.
Verblüfft schaut sie mich an und antwortet automatisch: *„Marie."*
Erwartung ist geweckt, nicht nur in Marie.
„Marie. Ich kenne dich nicht, aber ich sage jetzt etwas zu deinem Namen."
Schnell bilde ich ein Akrostichon.
„Meist fröhlich. Aufmerksam. Rede gern. Intelligent. Ehrlich."
„Und wie heißt du?", wende ich mich gleich einem Jungen zu.
„Duc."
„Duc. Dichte gern. Ungeheuer sportlich. Chaotisch."

Sofort wird kommentiert. *„Duc dichtet? Stimmt gar nicht!"* – *„Sportlich ist der auch nicht"* – *„Aber chaotisch, das passt!"*

Alle lachen. Da werden sie auch schreiben, hoffe ich. Natürlich haben sie gemerkt, dass ich jeden Satz mit einem Buchstaben des Namens begonnen habe. Akrostichon nennt man diese Form, erkläre ich und füge hinzu, dass die Aussagen kurz und persönlich sein sollen.

Zur Anschauung zeige ich zwei Beispiele von Kindern.
Die Anordnung der Namen wird deutlich und auch, dass man Sätze schreiben kann (möglichst kurze), nur Wortgruppen oder eben auch nur ein Wort, wie sie es schon bei mir gehört haben.

Immer wieder ICH

Mann, bin ich cool	Sauer bin ich schnell.
Aber auch lieb	Angst habe ich nur manchmal.
Richtig klug	Rauchen mag ich nicht
Clever auch	Autoreif bin ich immer.
Echt toll	Hauen tue ich selten.
Leider faul	
Marcel, 11 Jahre	Sarah, 12 Jahre

Marcels „Leider faul" wird natürlich sehr mitfühlend belacht.
Bei Sarahs „Autoreif" stutzt ein Junge: „Autoreif? Kenn ich nicht."
Die anderen kennen das Wort auch nicht. „Immer startklar", vermutet ein Junge. Ein anderer meint: „Reif für die Insel kenn ich. Wenn man Ferien haben will." Dieses Gefühl kennen alle.

„Also autoreif ist man, wenn man keinen Schritt laufen will", erklärt nun ein Junge das Wort. Auch dieses Gefühl kennen sie.
„Sarah hat das Wort einfach erfunden, weil sie eins für das zweite A in ihrem Namen brauchte. Die anderen Wörter mit A haben ihr nicht gefallen", vermute ich.

Mit diesem Beispiel will ich die Kinder anregen, auch Wörter zu erfinden, wenn sie welche brauchen für ihre Buchstaben.
Ich lege die Akrostichons zum „Ich" in die Mitte.

2. Form: **Monogramm**

Wer beim Akrostichon gestöhnt hat „So viel schreib ich nie!", den kann ich vielleicht reizen, ein Monogramm zu gestalten.
Ein kleines quadratisches Blatt halte ich hoch, darauf zwei große S, sehr zackig als Hohlform geschrieben und dekorativ ausgemalt. Daneben zwei Strichmännchen mit Lockenkopf und das Wort „Zwilling". Das Blatt ist signiert mit „Sabrina Sch": zwei S.

Von Uhrenfischen ...

Mag Sabrina Graffiti? Hat sie eine Zwillingsschwester? Ist sie im Sternzeichen Zwilling geboren? Sabrina hat erzählt auf ihrem Bild.
Genau hat sie es nicht gesagt. Muss sie auch nicht. Wir können uns etwas hineindenken.
Auf dem nächsten Blatt schweben Gespenster. „CB" ist darunter geschrieben, groß und schwarz. Durch den Bauch des B schlängelt sich ein weißer Wurm. Carolin B. heißt die Künstlerin.

Was möchte sie mit ihrem Monogramm ausdrücken? Die Kinder raten: „Vielleicht liest sie gerne Gespensterbücher." „Sie erschreckt gerne Leute." „Die ist ein Grufti.", „Cool bleiben heißt das."
Auch hier wieder: Die kleinen Bilder haben viel zu sagen.
Ich sporne die Kinder an: „Eure Monogramme können einfach nur dekorativ sein. Sie können von Hobbys erzählen oder von Wünschen. Hauptsache, sie erzählen von euch." Prompt höre ich: „So was mach ich!", „Ich auch!". Die Beispiele kommen zum „Ich".

Immer wieder ICH

3. Form: **Liste**

Ich lege zwei Smileys auf den Boden, ein fröhliches und ein trauriges.
„Was könnten sie bedeuten?" Natürlich kommt sofort: fröhlich und traurig.
Aber ich will mehr Vorstellungen. *„Sich freuen und weinen", „Lachen und Weinen", „Glücklich sein und traurig sein"*.
Ich fasse zusammen: Um eine Liste geht es: Ich mag … Ich mag nicht …
Das kann jeder sagen, und aufschreiben kann es auch jeder.

Natürlich habe ich wieder Beispiele von Kindern.

Gut	Schlecht
1	6
Lachen	3.9.
Spaß	streiten
Spielen	doof
Fahrrad fahren	langweilen
Mädchen	Barbies
	Jungen

Nicole, 11 J.

Die Kinder hören aufmerksam zu. 1 und 6 sind klar. Bei lachen, Spaß und spielen können sie mitfühlen. Aber was kann 3.9. bedeuten?
„An dem Tag ist sie traurig gewesen", „Ihre Eltern haben sich gestritten", „Sie hat einen Freund verloren", „Es ist jemand aus der Familie gestorben", „Oder ihr Meerschweinchen".

So viele Deutungen zu zwei Ziffern mit Punkten. Ich freue mich, wie die Kinder sich einfühlen. Jeder mutmaßte, was zu Nicole passte. Zu Nicole passte: Der Tag nach den großen Ferien. Schulbeginn also.
Für die, die gleich wieder stöhnen wollen, weil sie so viel schreiben müssen, habe ich auch eine zeichnerische Variante. Nina hat sie gestaltet (s. S. 139).

24   *Von Uhrenfischen …*

Eigentlich spricht ja jedes kleine Bild für sich. Aber Nina hat wohl nicht darauf vertraut. Sehr zu unserem Vergnügen, denn nun können wir über ihre feine Unterscheidung in Modefragen lächeln und natürlich auch darüber, dass sie sichergehen will, dass niemand bei ihrer Vorliebe für Musik an Opern oder Sinfonien denkt.

Fehler zulassen

Dass Ninas Wörter „rock", „verlibt" und „bombe" keine Korrekturzeichen haben, fällt den Kindern nicht sofort auf, aber ich mache sie darauf aufmerksam. Die Rechtschreibung ist wichtig. Doch wichtiger ist heute, was die Kinder schreiben. Das betone ich immer wieder, und das hören die Kinder auch immer wieder sehr gerne. Sie ahnen: Es könnte doch mehr Vergnügen als Anstrengung werden. Ich weiß es. Die Beispiele kommen zum „Ich".

4. Form: **Wiederholung**

Ich stehe ruhig da, mit einem Blatt in der Hand.
„Alle mal herhören!", sagt meine Haltung.

Ich kann nur Einsen schreiben.
Ich kann mir alles kaufen.
Ich kann Kriege verhindern.
Ich kann fliegen.
Davon träume ich.   **Torsten, 11 Jahre**

„Ha ha!", höre ich, während ich vorlese und auch: „*Da spinnt jemand!*" Nein, da spinnt nicht jemand. Da träumt jemand und wünscht sich Zauberkräfte. Das muss ich ihnen nicht erklären, das erkennen sie selber.
Auch zu Kristinas Sätzen brauchen sie keine Erklärung.

Immer wieder ICH

Ich soll immer artig sein.
Ich soll immer nett sein.
Ich soll immer lernen.
Ich soll immer mein Zimmer aufräumen.
Ich soll immer bescheiden sein.
Ich soll immer lustig sein.
Ich will aber nicht immer!　　　**Kristina, 11 J.**

So manches „Ich auch!", „Ich auch!" höre ich.
Zum Schluss noch eine Auflockerung, ein kleiner Leckerbissen:

Ich bin die Beste!
Ich bin die Klügste!
Ich bin die Hübscheste!
Ich bin die Mutigste!
Ich bin die Artigste!
Ich bin die Sportlichste!
Ich bin die, die am besten dichten kann!
Habe ich jetzt übertrieben?

Carolin, 12 Jahre

Eine Antwort ist nicht nötig.
Was ist den Kindern aufgefallen an der Machart?
Immer der gleiche Anfang. Aber der letzte Satz ist anders. Ich erkläre, was mit Abschluss bzw. Pointe gemeint ist, und mache ihnen an den Beispielen einige Varianten deutlich. Vorher nicht zu wenige Sätze, füge ich noch hinzu, mindestens drei, sonst wirkt es nicht. Auch nicht zu viele Sätze, denn dann dehnt es sich und kann zu Überdruss

Von Uhrenfischen ...

führen. *„Und noooch ein Satz!"*, stöhne ich zur Veranschaulichung.
Die Blätter kommen zum „Ich".

Nun liegen die vier Anregungen rings um das „Ich".
„Wie ein kaltes Büfett" ist es mir einmal in den Sinn gekommen, als ich die Anordnung sah: Jeder nimmt sich, was ihm schmeckt und probiert (vielleicht) mal aus, was er noch nicht kennt. Auch die Kinder können nehmen, was ihnen gefällt oder was sie mal ausprobieren wollen (schön, wenn beides gilt). Die „Schlacht ums kalte Büfett" kann beginnen.

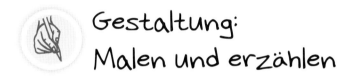

Gestaltung: Malen und erzählen

Wie das so ist am kalten Büfett: man sucht sich was aus, legt es sich auf den Teller, schaut zum Nachbarn: Was hat der drauf? Ob ich das auch mal probiere? Man steht noch ein bisschen beieinander, redet ein bisschen. Dann sucht man sich einen Platz, setzt sich, probiert. Hmmm, schmeckt gut. Und wie schmeckt's dir? Es dauert, bis man mit Ruhe isst.

So auch die Kinder. Sie stehen um die Beispiele, suchen aus, was sie probieren wollen, sagen: *„Ich mach ein Monogramm", „Ich auch", „Ich mach die Liste, was machst du?"* Sie schieben Tische zusammen, setzen sich. Sätze werden einander zugerufen, es wird gelacht und geneckt, auch gestritten manchmal.

Geduld haben

Früher bin ich unruhig geworden. Ich wollte, dass die Kinder endlich beginnen, hätte sie am liebsten ermahnt. Heute weiß ich: Die Kinder werden schreiben, auch wenn es anfangs gar nicht so aussieht.

Immer wieder ICH

Es geschieht fast unmerklich. Blätter rascheln, Füller klicken, Köpfe neigen sich übers Papier. Leise wird es nicht, aber ruhiger. Sie zeichnen und schreiben, und ich genieße die Atmosphäre. Allerdings nicht lange, die Kinder lassen mir keine Ruhe. Ich mir auch nicht. Ich bin viel zu neugierig auf ihre Ideen. Und immer wieder wird meine Neugier belohnt.

Zuerst fallen mir die Akrostichons auf. Große Buchstaben sehe ich, sorgfältig untereinander geschrieben und farbig gestaltet. Viel Zeit nehmen sich die Kinder dafür, für mein Empfinden zu viel. Aber freundliche Mahnungen nützen nichts, sie sind vertieft ins Ausmalen. Ich glaube, sie genießen das. Ich gönne es ihnen.

Wörter finden

Es dauert dann nicht lange, und ich werde gerufen.
„Was könnte ich mit C schreiben?", „Wissen Sie ein Wort mit Y?"

„Ich brauch was für A!" (SAMANTA lese ich auf ihrem Blatt.)
„Gucken Sie mal. Ist das gut so?"
Ich gehe von Tisch zu Tisch. Einige kommen zu mir, gehen mir hinterher, bleiben mir mit ihrem Blatt auf den Fersen, bis ich reagiere.
Aus Erfahrung bin ich vorbereitet auf ihre Hilferufe.
Ich habe mich im DUDEN informiert: X, Y und C sind besonders schwierige Buchstaben. Xylophon werden wohl nur wenige Kinder spielen. Und ein Satz mit Yacht? „Yacht fahre ich gerne!"? Den Buchstaben nach stimmt er. Aber trifft er wirklich auf Ronny zu oder auf Daryenne? Yoga passt auch eher recht selten.

Ich zeige den Kindern einen Trick: Sie können die Regel durchbrechen, wenn es für ihre Aussage nötig ist. Ein kleines E vor Y, schon entsteht ein jugendgemäßer Ausruf. Einen Satz dazu können sie erfinden. Ronnys letzter Satz ist dann: „Yeh, ich bin toll!"
Prima, er hat nicht meine Formulierung übernommen, er hat eine eigene gefunden, vielleicht angeregt durch mein demonstratives: „eY, lass dir was einfallen!" Vielleicht aber auch, weil er so spricht.

Für C habe ich mehr Wörter auf Lager.

Von Uhrenfischen ...

Immer wieder ICH

„Chaotisch", beginne ich. Ehe ich fortfahren kann, tönt es von allen Seiten:
„Clever!", „Camping!", „Catchen!", „Chinesisch!", „Cool!".
So viele Wörter! Aber Nicole nimmt keines auf.
„Clown bin ich nicht." schreibt sie. Und das ist ihr Satz.

Eigentlich ist die Wortwahl beim Akrostichon sehr eingegrenzt, weil
unbedingt ein Wort mit A gefunden werden muss oder mit D oder mit K.
Nicht immer haben die Kinder dann gleich ein passendes parat. Sie müssen
kramen in ihrem Wortschatz, müssen überlegen: Passt das Wort zu mir?

Wörter er-finden

Wenn sie Wörter erfinden, können sie ihren Schatz auch größer machen,
so wie Sarah mit „autoreif". Oder wie Alexej. Er braucht ein Wort fürs erste
E in seinem Namen. Ich schlage vor: *„Echt. Ehrlich. Eigentlich."*
„Nein. Nein. Nein!" Plötzlich: *„Elefantenböse!"*

Ich frage, was er sich gedacht hat bei diesem Wort.
„Na, Elefanten sind doch so groß. Mal richtig doll böse sein!"
Alexej, der Worterfinder. Klasse!
So kommen sie gerade durch das Kramen und Erfinden auf Wörter (und
damit zu Sätzen), die ihnen sonst gar nicht in den Sinn gekommen wären.

Ich spreche manchmal in der Nacht.	Jenn**i**
Ohne Bohneneintopf bin ich krank.	To**m**
Ruhen tue ich nie.	**M**artin
Pingelig bin ich nicht.	**P**aul
Hauptsache ich bin ich!	Judit**h**
Nichts kann ich außer Dummheiten.	Euge**n**

Sie lachen oft beim Schreiben, lesen ihre Sätze den Nachbarn vor und sind
häufig selbst überrascht von ihren Aussagen. Sie freuen sich, und ich freue
mich mit ihnen.

... und einem fliegenden Schrank

Immer wieder ICH

Arbeit am Satz

Jacky zeigt mir ihr Blatt. *„Geht das so?"*
Ich lese: „Jeden Tag muss ich in die Schule." Ihre Nachbarin widerspricht: *„Nicht jeden Tag musst du in die Schule!"* Klar, das Wochenende ist schulfrei. Ich: *„Jedes Kind muss in die Schule. Das kann jeder schreiben. Es soll doch etwas sein, das für dich besonders ist."*
Jacky zeigt mir ihren geänderten Satz:
„Jeden Tag lache ich 100-mal!" (Das A springt hoch zwischen M und L).
Bei C steht: „Clown spiele ich gern."
Prima, auch hier tanzen die Buchstaben aus der Reihe, sind mal über, mal unter der Zeile. Sie purzeln durcheinander vor Lachen, der Clown hopst vor Vergnügen. Nur Jacky denkt sich so etwas aus. Auch Jacky tanzt gern aus der Reihe. Gut so.

Bei Steffi lese ich: „Fragen mag ich nicht." *„Gefragt werden oder selber fragen?"*, will ich von ihr wissen. *„Gefragt werden. Das nervt!"* (Hoffentlich meint sie nicht mich.)

Ich gehe weiter. Die bunt gestalteten Buchstaben, aber auch die Bilder auf den Monogrammen ziehen meine Blicke an. Nur zwei Buchstaben – aber eine Persönlichkeit.

Zuhören und gemeinsam abwägen

Nur selten muss ich die Kinder beim Malen beraten. Stattdessen schaue ich auf ihre Bilder und erzähle, was mir zu ihnen in den Sinn kommt. Es muss nicht immer das sein, was sie über sich erzählen wollten.
„Ist das falsch?", fragen sie dann manchmal verunsichert. Nein, es gibt nicht falsch und richtig! Es gibt: genau gezeichnet, treffend formuliert.
Ich kann erkennen, was sie sagen wollten. Aber sie können auch ein Geheimnis haben, ich muss nicht alles verstehen, und sie müssen mir nicht alles erklären.

Felix hat seine zwei Anfangsbuchstaben voll ausgemalt, kein freier Fleck ist geblieben für ein Muster. Grübelnd und ein wenig hilflos schaut er nun auf sein Blatt. *„Was machst du*

30 Von Uhrenfischen ...

gerne?", frage ich und hoffe, seine Antwort bringt ihn auf eine Gestaltungsidee. *"Sport"*, antwortet er.
"Dann mal doch was dazu", rate ich ihm. Und schon bald sehe ich ihn an seinen Anfangsbuchstaben klettern und Fußball spielen.

Hasan Güngör schaut nicht auf, als ich an seinen Tisch trete, er zeichnet weiter an seinen Buchstaben. Sein H hat Augen und spitze Zähne. An sein G zeichnet er zwei kleine Räder mit Speichen. Sieht ja aus wie ein Kinderwagen, denke ich. Selbstverständlich sage ich es nicht, es könnte dem großen Jungen peinlich sein. Als ich später wieder vorbeikomme (natürlich gespannt, was sein Monogramm nun zeigen wird), fliegen Gespenster auf seinem Blatt. Ich muss nicht deuten. Hasan hat darunter geschrieben: „Ich mag Vampire." Er zeigt auf die schaurigen Gestalten und dann auf das G. „Und im Kinderwagen liegt schon der nächste Vampir." Ein kleiner Hasan, sehe ich, sage es aber nicht (siehe S. 32).

Trangs Monogramm mit den Sternen in den Linien für T und D und den Noten daneben erzählt ganz eindeutig. Ja, sie möchte einmal ein Star sein, strahlt sie mich an, als ich ihr meine Gedanken sage.

Die Überschriften und auch die Bilder zeigen mir schon auf den ersten Blick über die Schulter: Hier werden Listen geschrieben.

Immer wieder ICH

Gut – schlecht, ich mag – ich hasse, Spaß – doof, Ich mag – doof, Toll ist – blöd ist, und noch viele andere Formulierungen schreiben die Kinder.
Nie hätte ich geträumt, wie viele Bilder sie für ihre Vorlieben und Abneigungen finden können: Sonne und Regenwolke mit Blitz, Engel und Teufel, Daumen nach oben und Daumen nach unten und noch viel mehr.

Christine hat ein Herz und ein pfeildurchbohrtes Herz gezeichnet.
Unter das Herz hat Christine geschrieben: „Ich will alles ausprobieren."
Dieser Satz macht mir besonders Freude. Alles ausprobieren, also offen sein, sich einlassen auf Herausforderungen, Ideen entwickeln, diese Haltung wünsche ich mir für die Kinder (und nicht nur für sie).
Unter dem durchbohrten Herz lese ich: „Wenn sich meine Eltern trennen und streiten." Dieser Satz tut mir weh.

„Doof finde ich Jungs (jedenfalls die meisten)", lese ich bei Mareike.
Kevin hat unter „Ich hasse" „Mädchen" geschrieben. Das wird sich noch ändern, Kevin, denke ich.

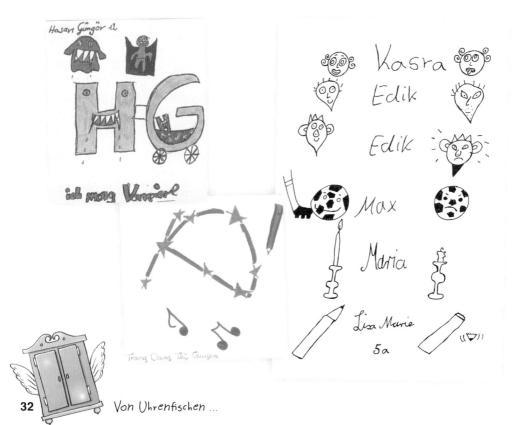

Von Uhrenfischen ...

Bei Andrea lese ich:
„Ich mag shoppen (Sachen)" und „Ich hasse einkaufen (Lebensmittel)"
Man beachte den feinen Unterschied. Sie mag auch Briefe bekommen.
Aber sie mag nicht Briefe schreiben. Schön, sie will Briefe bekommen.
Antworten wird sie dann vielleicht per SMS.

Selten entdecke ich eine Wiederholung. Natürlich fällt es den Kindern leichter, aufzuzählen, was sie mögen oder nicht mögen. Da müssen sie nicht viel nachdenken. Bei der Wiederholung müssen sie sich einen Satzanfang für mehrere Sätze ausdenken und einen Abschlusssatz finden. Das ist schwieriger. Ich freue mich über jeden, der diese Herausforderung wählt.

Ich will, ich will, ich will, lese ich bei Anu. Sie will sich auch mit Freunden treffen, sich auch schön machen, auch mit dem Flugzeug fliegen.

„Warum auch?", möchte ich von ihr wissen.
„Meine Schwester darf das alles", erklärt sie. Genauer erklärt diesen Satz ihre letzte Zeile: „Doch leider bin ich zu klein."
Anu ist die kleine Schwester und muss noch behütet werden, meinen ihre Eltern. Und sie möchte doch schon groß und selbständig sein. Ihre ganze zierliche Gestalt spricht davon, ihr Gesicht, ihre Stimme und ihr Gedicht.

„Ich bin fertig", *„Geschafft!"*, *„Mir fällt nichts mehr ein"*, höre ich von vielen Tischen. Zeit, abzubrechen. Nicht plötzlich, ich gebe noch fünf Minuten.

Präsentation: Einander zuhören

Unsere Runde ist vollständig. Die Blätter werden auf den Boden gelegt (in den Händen rascheln sie zu sehr). Wieder ist ein kaltes Büfett angerichtet. Diesmal aber reichhaltiger und bunter. Wir können genießen. Wer will beginnen? Gerade noch haben sie einander ihre Zettel gezeigt, haben gekichert und kichernd kommentiert. Aber wird sich jetzt jemand zum Vorlesen melden? Eigentlich immer.

Immer wieder ICH

Und dann geht es reihum. Wer nicht möchte, hält sich einfach zurück. *„Ohne Diskussion"*, sage ich. Ohne Diskussion. Das ist schwer für die Kinder, sie wollen alles hören. Sie bitten, reden zu, bedrängen. Aber niemand muss lesen, dabei bleibe ich.

Es passt zu Justin, dass er sich sofort meldet. Er bleibt sitzen, aber seine Stimme springt auf. Eigentlich ist er sehr klein für sein Alter, aber er wird immer größer, streckt sich von Satz zu Satz.

> Jetzt bin ich da!
> Und jetzt Party!
> Stell mich der Gefahr!
> Toll bin ich im Sport!!!
> Igitt Mädchen!
> Nie küssen!   **Justin, 10 Jahre**

Spontaner Applaus. Der Held verneigt sich.
Andrea liest ganz ruhig vor.

> Ich lache gern.
> Ich lache oft.
> Ich lache laut.
> Ich lache manchmal zu viel.
> Ich lache manche aus.
> Lache ich auch über mich?   **Andrea, 10 Jahre**

Kaum Applaus. Na und, wird wohl so mancher gedacht haben, ich lache doch auch. Die Nachdenklichkeit ihrer letzten Zeile können die Kinder nicht gleich erfassen. Erklären könnte ich das Besondere, aber sie müssten es erspüren. Dafür ist zu wenig Ruhe

Von Uhrenfischen ...

im Raum und in den Kindern. Sie sind schon auf den nächsten Text gespannt. Anerkennung erlebt Andrea, als ich sie um ihr Gedicht zum Kopieren bitte, vor allen.

Bao will auch vorlesen. Ihm blitzt schon die Vorfreude aus den Augen.

Backen tu ich gerne.
Auto ist mein Bett.
Ohne Fun leb ich nicht.   **Bao, 10 Jahre**

Eigentlich wollte er uns ja mit seinem letzten Satz überraschen, hatte sich so sehr über sein Fun gefreut. Er versteht gar nicht, warum wir schon über seinen Auto-Satz stolpern. Aber: Auto ein Bett?

„Wenn ich nur ein paar Minuten im Auto sitze, schlafe ich ein", erklärt er. Bao, der Metaphern(er)finder. Und dabei hat er gar nicht gesucht. Sie ist ihm einfach so in den Sinn gekommen, sagt er. Schön.

Svenja ist dran:

Ich darf nicht frech sein.
Ich darf nicht faul sein.
Ich darf nicht Fernsehn sehen.
Ich darf nicht zickig sein.
Ich darf meinen Bruder nicht ärgern.
Ich darf nicht böse sein.
Ich darf nicht lügen.
Aber lernen darf ich.   **Svenja, 11 Jahre**

Satz für Satz folgen die Kinder ihren Aussagen, mitfühlend und lächelnd voll Verständnis. Solche Sätze kennen sie auch.

 *Immer wieder ICH*

Von Beispiel zu Beispiel steigt meine Spannung. Die einzelnen Verbote sind so lebensnah, so echt. Was wird ihr letzter Satz sagen? Die Pointe ist dann wirklich eine Überraschung. Sie hätte ja aus „darf" „muss" machen können so wie Kristina „soll" aus „will". Also der Gegensatz als stilistisches Mittel. Nein, sie bleibt beim „darf", spitzt damit die Aussage noch zu und durchbricht die Erwartungshaltung der Zuhörer.

Ich höre heute noch ihren Tonfall, sehe ihr fröhlich-trotziges Gesicht beim Vorlesen. Eine ganz andere Bedeutung hat jetzt dieses kleine „darf". Und die Kinder spüren das. Toll, jetzt hat sie sich aber mal gewehrt, schwingt in ihrem Lachen mit.

„Jeden Tag die Coolste ..."
Sehr selbstbewusst liest Julia ihren ersten Satz vor. Ein verräterisches Lächeln blitzt in ihren Augen, aber die Kinder sehen nicht so aufmerksam hin, wie sie zuhören. *„Das denkst bloß du!"*, *„Von wegen!"*, *„Bildest du dir ein!"*, unterbrechen sie nach Julias erstem Satz.
„Spinnst wohl ...", liest Julia triumphierend zu Ende. Ihre Provokation ist gelungen. Es kommt kein Widerspruch mehr zu den nächsten Zeilen. Wie eine Siegerin schaut sie in die Runde und kann mit ihrer Wirkung zufrieden sein.

Jeden Tag die Coolste. (Spinnst wohl!)
Unter allen die Beste. (Das ist gut.)
Liebste und Beste in der Klasse. (Wie toll!)
Ich kriege nur Einsen. (Glaubste!)
Aber das stimmt!!!

Julia, 8 Jahre

 *Von Uhrenfischen ...*

Individualität bestärken

Auf Antonias Blatt entdecke ich, dass sie ihr Akrostichon anders als vorgegeben angeordnet hat. Sie hat die Buchstaben ihres Namens nicht untereinander, sondern nebeneinander geschrieben.

Von oben nach unten lese ich nun ihre Selbstbeschreibung.

Anders als die meisten Mädchen
Niemals anders als jetze
Total überdreht
Oft verträumt
Neun war ich mal
In meiner Traumwelt
Auch mal gemein

Antonia, 10 Jahre

Immer wieder ICH

Schnell lasse ich mir das Blatt geben. Ich will den Kindern etwas deutlich machen, was mir sehr am Herzen liegt. Ich halte das Blatt hoch und fahre mit dem Finger Antonias Gestaltung nach. Jeder soll sie erkennen können. Ich erkläre: *„Antonia hat sich gedacht: Das ist interessant, dass ich zu den Buchstaben etwas über mich schreiben soll. Das Akrostichon schreibt man zwar untereinander, aber ich bin Antonia, ich will es mal anders machen. Und das ist ihre eigene Art."*
Bestätigen will ich Antonia, und alle Kinder ermutigen zu ihrer eigenen Art. Die Vorleserunde geht weiter. Fröhliche Sätze hören wir, aufmüpfige, originelle, überraschende. Sie werden zu Entdeckungen. Einen Satz eines Jungen habe ich noch im Sinn:

„Manchmal bin ich nachts verzaubert."

Ich habe ihn die Zeile noch einmal vorlesen lassen, sehr ruhig, sodass jeder ihre Poesie erfühlen und genießen konnte.

Die Kinder verabschieden sich. Ich spüre, dass es ihnen gefallen hat. Und ich spüre: mir auch. Beim Rausgehen sagt Tom: *„Ich hatte es mir langweiliger vorgestellt."* Der Satz klingt nicht danach, aber ich freue mich darüber.

Von Uhrenfischen ...

Schreibwerkstatt 2 zum Ich:

Masken sprechen lassen

Die Kinder versetzen sich in Situationen von
Freude, Traurigsein und Wut.
Sie finden treffende Wörter für ihre Gefühle.
Jedes Kind gestaltet eine Maske, auf der es in Bild und Wort
von einem Erlebnis erzählt, in dem es fröhlich,
traurig oder wütend war.

Masken sprechen lassen

In aller Kürze

Material: 3 Symbolmasken (traurig, wütend, fröhlich), 2 Erzählmasken (traurig, fröhlich), eine Arbeitsmaske für jedes Kind (nur Augenform einge-zeichnet) – siehe Deckblatt S. 39

Arbeitsschritte:

➲ Wortlos im Kreis von Kind zu Kind gehen. Nur mit den Augen Kontakt aufnehmen. Dabei die Reaktionen der Kinder aufmerksam beobachten.

➲ Im Gespräch den Kindern erklären: Ihre Gesichter zeigen ihre Gefühle. Reaktionen der Kinder als Auftakt.

➲ Hinführung zum Thema: Ihre Gefühle auf einer Maske ausdrücken.

➲ Eine Symbolmaske nach der anderen zeigen und das Gefühl benennen lassen.

➲ Synonyme finden lassen und Erinnerungen an Erlebnisse wecken. Die Erlebnisse als Ideen für die Masken bewusst machen.

➲ Von den Symbolmasken zu Erzählmasken:
Die beiden Masken nacheinander zeigen und Gefühle deuten lassen. Im Gespräch zu konkreten Gestaltungsmitteln führen (Details, kurzer Satz, Sprechblase).

➲ Die Aufgabe formulieren: Auf der Maske von einem Erlebnis erzählen, in dem die Kinder fröhlich, traurig oder wütend waren.

➲ Arbeitsmasken austeilen.

➲ Beim Malen evtl. zur Ideenfindung an ihre Erlebnisse erinnern und ihnen durch Fragen helfen, sich für ein Gefühl, für ein Erlebnis zu entscheiden.

➲ Zum Abschluss die Masken im Kreis zu einer bunten Ausstellung legen. Die Masken vorstellen und dazu erzählen lassen.

Tipp: Die Ausstellung auch für eine Elternversammlung nutzen.

Masken sprechen lassen

Jannis, 8 Jahre alt, zeigt mir eine Maske:
"Ist das schön? Man sieht, dass ich lächle."
Ich: "Nun musst du noch malen, warum du lächelst."
Jannis: "Das wirst du schon sehen."

Ich fühle was, was du auch fühlst. Ich will die Kinder ermutigen, einander zu zeigen, was sie fühlen. Sie können sich dadurch verletzlicher machen, aber auch lebendiger. Wer weinen kann, den kann man trösten, wer sich freuen kann, mit dem kann man sich freuen, wer Enttäuschung zeigen kann, für den kann man sich einsetzen – weil man mit ihm fühlen kann. Weil wir mit ihm fühlen können.

Einstimmung: Gefühle ausdrücken

Ich beginne mit einer Verblüffung. Ganz ruhig stelle ich mich vor ein Kind, schaue es lange und unverwandt an, kaum ein Lächeln im Gesicht. Eine Weile bleibe ich so stehen, reglos, ohne ein Wort, gehe zum nächsten Kind, bleibe wieder stehen, schaue es wortlos an, gehe weiter.
Um mich herum wird es unruhig. Die Kinder schauen mich verdutzt an, zappeln und kichern. Immer noch kein Wort von mir. Ich bin anders aktiv. Ich habe meine Augen und Ohren überall, die Reaktionen der Kinder aufzunehmen.

Jedes Kind schaut mich anders an: fröhlich, ein bisschen kess, neugierig, zurückhaltend, unsicher lächelnd, fragend mit Augen und Mund.
Ich sage nichts. Die Spannung steigt.
Es ist wie eine Erlösung, als ich dann beim letzten Kind bin und nun endlich erkläre: *„Das war jetzt ein bisschen seltsam, nicht wahr?*
Ihr wusstet gar nicht, was passieren soll."

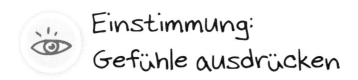

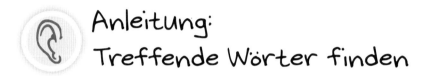

Masken sprechen lassen

Ich tippe ein Kind nach dem anderen an: „Du hast mich fröhlich angelacht. Du hast gleich Faxen gemacht. Und du hast grimmig zurückgeschaut."
Schon fühlen sie sich angesprochen, nicht nur die drei Kinder.
„Jeder hat mir ein anderes Gesicht gezeigt, ein anderes Gefühl", sage ich.
Wir sind beim Thema: Gefühle ausdrücken.
Dass man sie nicht nur auf dem Gesicht, sondern auch auf einer Maske ausdrücken kann, dafür brauche ich nur noch ein paar Worte.

Anleitung: Treffende Wörter finden

Für die Anleitung habe ich Masken vorbereitet, die Augen ausgeschnitten, den Mund symbolisch für ein Gefühl gezeichnet.

Synonyme finden

Zuerst zeige ich die Maske mit den herabgezogenen Mundwinkeln. Welches Gefühl drückt der Mund aus? Welches Wort kennt ihr dafür? Spontan kommt: *„Traurig!"* Aber auch: *„Enttäuscht!"*, *„Der weint!"*, *„Ängstlich!"*, *„Heulerisch!"*

Gespannt erwarten sie die nächste Maske.
„Geil!", kommentiert einer, kaum dass der Mund mit den Zähnen sichtbar wird. *„Voll cool!"* ein anderer. *„Krass!"* ein dritter.
Sehr drastisch drücken sie aus, wie die Maske sie beeindruckt, und sehr treffend. Nun fordere ich wieder Wörter für das dargestellte Gefühl.
„Gemein!", wird es benannt, auch: *„Sauer!"*, *„Wütend!"*, *„Böse!"*.

Die Maske mit den aufgebogenen Mundwinkeln zeige ich zum Schluss. *„Fröhlich!"*, *„Freundlich!"*, *„Verliebt!"*, drängelt sich ein Kind dem anderen vor. Ich will noch mehr Synonyme in den Kindern wecken. *„Noch ein Wort!"*, fordere ich sie deshalb heraus.

Von Uhrenfischen ...

Masken sprechen lassen

Situationen statt einzelne Wörter

Immer habe ich nur nach noch einem Wort und noch einem Wort gefragt.
Einmal aber sagte ein Mädchen bei der traurigen Maske spontan: *„Wenn ich
alleine bin und Angst habe."* Sofort schwirrten Sätze durch den Raum:
*„Wenn ich nicht fernsehen darf.", „Wenn mein Meerschweinchen stirbt.",
„Als Papa weggezogen war, war ich traurig. Meine Mama wollte mich
haben. Aber ich bin oft bei Papa.", „Wenn ich nicht mitspielen darf."*
Auch zum Wütend-werden fallen den Kindern immer Situationen ein:
„Wenn mir jemand was kaputt macht.", empört sich ein Junge. *„Wenn
mich einer haut.", „Wenn ich mein Zimmer aufräumen muss.", „Wenn ich
Stubenarrest habe."*

Für Fröhlichkeit haben sie viele Gründe. Einer, mir der allerschönste, ist:
„Wenn man eine Idee hat." Ich könnte das Mädchen heute noch umarmen
für ihren Satz: *„Wenn ich alleine bin und Angst habe.",* hat sie mir doch damit eine Erfahrung beschert: Ein Erlebnis erfragen, statt nur treffende Wörter für das Gefühl. Da ist viel mehr Sprache in Aktion und viel mehr Vorstellungskraft. Das Erzählen macht mehr Spaß, und auch das Zuhören. Es hilft,
dass sie sich später beim Gestalten daran erinnern.
Dann haben sie schon eine Idee.

Von der abstrakten Maske zur Erzählmaske

Ich habe zwei Masken vorbereitet. Die traurige mit Tränen lässt sofort
Vorstellungen entstehen. *„Die weint!",* rufen die Kinder.
„Die freut sich!", höre ich bei der Maske mit Sonnen in den Augen.
Aber worüber die Traurigkeit, worüber die Freude?
Das sagen die Masken nicht. Die Kinder können nur raten:
*„Weil die Sonne scheint.", „Sie hat etwas geschenkt gekriegt.",
„Er ist hingefallen."*

Ihre Masken aber sollen konkret erzählen.
„Der Junge hat die Tränen gemalt, weil sein Vogel gestorben ist", erkläre
ich. *„Was könnte man denn auf die Maske malen, damit man das erkennt?"*
Die Kinder machen Vorschläge: *„Einen Hügel mit einem
Kreuz drauf", „Den Vogel mit den Beinen nach oben."*

... und einem fliegenden Schrank

Masken sprechen lassen

Auch für die Vorfreude des Mädchens auf ihren 10. Geburtstag haben sie Bildideen: *„Zehn Kerzen und Blumen.", „Eine Geburtstagstorte.", „Viele Geschenke.", „Luftballons!".*
Es ist, als malten sie mit ihren Gedanken und wir könnten das Grabkreuz, den Vogel, die Kerzen, die Geschenke auf den Masken sehen.
„Malt nicht nur, sondern schreibt auch auf, worüber ihr euch freut, was euch traurig oder wütend gemacht hat!", gebe ich ihnen noch als Hinweis.
Am Aufblitzen in den Augen sehe ich: Sie haben schon Vorstellungen im Kopf.

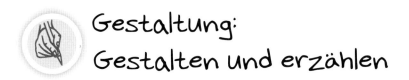

Gestaltung: Gestalten und erzählen

Die Kinder bekommen Masken, in denen nur die Augenkonturen vorgezeichnet sind. Ich will ihnen nicht die Form des fröhlichen, traurigen oder wütenden Mundes vorgeben. Alle Ausdrucksmittel sollen aus ihrer Fantasie kommen.

Offen sein für Änderungen

Zu meinen ersten Maskenwerkstätten hatte ich die Augen ausgeschnitten. Die Kinder haben sie dick umrahmt oder dem Gefühl entsprechend Sonnenstrahlen, Blütenblätter oder Pfeilwimpern drumherum gemalt.
Einmal aber wollte ein Junge eine zweite Maske gestalten. Weil keine mehr da war, musste ich fix eine zurechtschneiden. In der Eile konnte ich nicht die Augen ausschneiden – was für ein guter Zufall.
Robin malte los, malte zuallererst Wut in die Augen. Flammen züngelten hoch, tiefrot ausgemalt. Darunter der Mund mit scharfen Zähnen und einer langen, gespaltenen Zunge. Sein Satz dazu: *„Ich werde zu einer Schlange, wenn mein Bruder mich ärgert."*
(siehe S. 140)

Von Uhrenfischen ...

Masken sprechen lassen

Seither bleiben die Augen auf den Blättern leer und fordern so die Kinder zu Gestaltungsideen heraus. Das macht die Masken noch „sprechender".

Einige Kinder können es kaum erwarten. Sie wollen endlich ihren Einfall aufs Papier bringen. Schon biegen sich Münder, werden Augen bewimpert und Nasen gemalt. Andere Kinder sitzen ein bisschen hilflos da. *„Was soll ich denn malen?"*, stöhnen sie. Natürlich kann (und will) ich die Frage nicht beantworten. Aber helfen kann ich mit einer Gegenfrage: *„Welches Gefühl willst du malen?"* Haben sie sich erst einmal für eines entschieden, fällt ihnen bald ein Erlebnis dazu ein.

Beim Erzählen erinnern sie sich an die Beule am Kopf, an die neuen Inlineskates, an den Löwen im Tierpark. Bald beginnt ihre Maske, zu sprechen. Nicht nur ihre Maske. Sie erzählen ihre Geschichten und hören einander zu. Ich hatte nur „Masken sprechen lassen" im Sinn, als ich mir die Schreibwerkstatt ausgedacht habe. Die Masken erzählen. Und nun erzählen auch die Kinder. Es ist eine Freude, dabei zu sein.

Von Kind zu Kind gehe ich, schaue über die Schulter und sehe kleine Kunstwerke entstehen.

Kevin malt weinende Augen und einen lachenden Mund. Er erklärt mir: *„Der lacht Tränen, weil ihm einer einen Witz erzählt hat, und der war so lustig."* Erik schaut hoch, als ich neben ihm stehe. Er fragt mehr sich als mich: *„Soll ich oben blau malen? Das wäre wie Hölle und Himmel in den Augen."* Tolle Erklärung! Er hat die Augen mit Wellenlinien waagerecht dreigeteilt. Unten hat er schon gelb ausgemalt, die schmale Mittellinie rot, fehlt nur noch der breite obere Streifen. Auf der fertigen Maske sehe ich: Erik hat sich für Hölle und Himmel entschieden.

Kleine Episode:

Vor Martina liegt eine Maske mit geradem Mund. Ich kann nicht deuten, ob Freude, Trauer oder Wut gestaltet ist. Auf die Maske hat sie geschrieben: „Ich kann kein Gefühl ausdrücken." Ich mache die Lehrerin leise darauf aufmerksam: *„Das kann man auch anders denken.",* und meine: Nicht, dass Martina nicht weiß, welches Gefühl sie ausdrücken will, sondern dass sie keine Gefühle ausdrücken kann. Martina hat hingehört und wohl gespürt, dass ich die zweite Variante nicht wahrhaben will. *„Doch, genau so meine ich es. Ich kann kein Gefühl ausdrücken!"*, sagt sie nachdrücklich. Ich schaue ihr ins Gesicht und glaube ihr. Mir geht das wie ein Erschrecken, eine Traurigkeit nach.

Von einer Tischgruppe kommt Unruhe. Ich werde hellhörig.
Ein Junge zeigt seiner Nachbarin seine Maske zur Begutachtung.
„Heuletraurig is das nich", höre ich sie urteilen.
„Nee, wütend, sauer!", wirft der andere Nachbar ein. Und quer über den Tisch: *„Ich mein so – grimmlich." „Fies!"*, setzt einer nach.

Sie spielen Fangeball mit Wörtern. Mein Herz hüpft vor Freude.
„Ich bin so trulerich", hat Julia auf ihre Sonnenaugenmaske geschrieben. Trulerich? Eigentlich wollte sie fröhlich schreiben. Aber da hat es wohl in ihrem Kopf getrullert, und das Wort ist so auf ihr Blatt gekullert. Trulerich macht fröhlich. Es macht froh, die „Bälle" der Kinder aufzufangen.

„Huhu, huhu!" Ein Junge hält sich seine Maske vors Gesicht.
„Huhu, huhu!", antwortet eine zweite Maske, eine dritte.
Ich merke, es ist Zeit, zum Abschluss zu kommen.

Präsentation: Mitfühlen können

Robin kommt als Letzter. Er wollte schnell noch seinen Namen auf die Maske schreiben. Jetzt sitzen alle im Kreis.
Viele bunte Masken schauen mich an, schauen einander an. Sie zittern und wackeln, sind auch mit beiden Händen kaum festzuhalten.
„Ich bin lustich!", rufen sie und: *„Ich bin verliebt!"*, und *„Ich bin super fröhlich!"* Spitzbübisch kichert und lacht es hinter ihnen. Ein wunderschöner Anblick! Jedes Mal dieselbe Freude. Und jedes Mal dieselbe Überraschung für mich, wie persönlich die Masken gestaltet

46 Von Uhrenfischen ...

Masken sprechen lassen

sind. Nie hatte ich mir vorgestellt, dass die Kinder ihre Gefühle so ausdrucksstark aufs Papier bringen und so treffende Gestaltungsmittel finden. (Ehrlicher gesagt: Ich hatte es ihnen nicht zugetraut.)

Die Arbeiten der Kinder zur Besonderheit machen

Die Kinder legen ihre Masken auf den Boden. *„Dreht sie so, dass sie in die Mitte sehen. Alle sollen sie ansehen können, nicht nur ihr!"*, fordere ich sie auf. Ein farbenfroher Kreis entsteht.
„Eine tolle Ausstellung habt ihr geschaffen!", platzt es aus mir heraus.
Auch die Kinder sollen es so empfinden, wünsche ich mir.
„Schaut euch die Bilder an. Geht langsam von Maske zu Maske!", rate ich ihnen. *„Nur mit den Augen. Die Füße bleiben still!"*, muss ich die bremsen, die gleich loslaufen wollen. Die Köpfe gehen hin und her, und die Blicke wandern im Kreis.
Ich gebe ihnen Zeit. Aber nicht lange haben sie Geduld. Sie wollen ihre Masken zeigen. Nacheinander dürfen sie die nun hochhalten und erzählen.

„Mist, dass Papa eine Allergie hat", sagt die Maske von Lars mit dicken, schwarzen Buchstaben. Aus ihren Augen tropfen Tränen. Die Katze auf dem Bild lässt uns schon befürchten, was Lars dann erzählt: Er hat zum Geburtstag eine Katze geschenkt bekommen und sich ganz doll gefreut. Aber schon bald juckten seinem Papa die Arme. Er bekam Pickel und Fieber. Lars musste seine Mautzi wieder weggeben. *„Armer Lars"*, sagen die Kinder. Ihre Münder sagen es und ihre Augen.

Niklas kichert schon los, ehe er seine Maske zeigt. Über den großen roten Lachmund auf seinem Blatt hat er einen dicken schwarzen Bogen gemalt. Fröhlich und traurig? Niklas liest vor: Weil mir ein Schnurrbart gewachsen ist. Zehn Jahre alt und schon Schnurrbartträger! Nun müssen die Kinder wohl Herr Niklas zu ihm sagen.

„Jetzt ich!", ruft Liam und hält seine Maske hoch. Ein breiter Mund, im Bogen nach unten gezogen und rot ausgemalt, zeigt seine spitzen Haifischzähne. *„Ich bin wütend, weil mein Bruder meine*

... und einem fliegenden Schrank

47

Masken sprechen lassen

Sachen versteckt", sagt die Maske – und knurrt Liam mit Haifischstimme. Viele Brüder und auch Schwestern knurren da mit.

Meike hat Betten in die Augen gemalt (siehe S. 140). Sie freut sich, dass ihre Freundin bei ihr schlafen darf. Bis in die Nacht Witze und Geheimnisse im Bett erzählen, tuscheln und losprusten. Schnell die Decke über den Mund ziehen und das Lachen drin fangen. Irgendwann einschlafen, die Freundin in Reichweite. All das „sehen" die Kinder, können mitlachen, können sich mitfreuen. Schön, so eine Freundin zu haben, und eine Mama, die das erlaubt.

Vivien kann sich nicht mitfreuen. Sie hat Kummer auf ihre Maske gemalt. Sie ist nicht wütend auf ihre Freundin Maria, die nur noch mit Mara spielt. Traurig ist sie, sagt ihre Maske. Auch Maria kann es lesen, kann es sehen und hören, als sie zu Vivien schaut (siehe S. 140).
Vivien schaut sie nicht an. Aber viele Blicke treffen sie. Sie lächelt ein bisschen unsicher. Aber jetzt weiß Maria, wie Vivien sich fühlt. Vielleicht sind bald beide froh und Mara mit ihnen.

Immer mehr Masken werden gezeigt.
Anton ist traurig, dass seine Mutter ihm kein Taschengeld gegeben hat, Ailen, weil sie Ohrenschmerzen hat. „Aua, aua!", sagt ihr Maskenmund.
„Ich bin lustig, weil die Sonne scheint", freut sich Justine. Die gelben Sonnenaugen auf ihrer Maske bekommen Besuch vom roten Mund.
Auch Justine strahlt ansteckend.
Wahrscheinlich wäre keiner dieser Sätze gesagt worden, hätte keiner sich selber froh fühlen und mit dem anderen mitfühlen können ohne die sprechenden Masken.

Die Zeit ist um. Beim Abschied schaue ich in fröhliche Gesichter. Ich bin ein bisschen traurig und viel froh. Ihre Bilder bleiben in mir, wirken weiter in mir.

Von Uhrenfischen ...

Schreibwerkstatt 3 zum Ich:

Anders sein

Die Kinder versetzen sich in Situationen des Andersseins,
in eigene oder miterlebte. Sie fühlen sich ein
und entwickeln Verständnis und Achtung.

Sie gestalten in kurzen literarischen Formen
ihre Gefühle und Gedanken.

Justine 9 Jahre

Ich möchte in meinem Körper bleiben. Weil mir mein Leben gefält. Denn ich habe Freunde, die alle zusamenhalten und ich habe sehr Liebe Eltern. Also was soll mir an mein Leben nicht gefalen?

Anders sein

In aller Kürze (ab 3. Klasse)

Material: je Kind ein Briefumschlag mit weißem Blatt, nur eines mit farbigem Blatt

Arbeitsschritte:

- Vor Beginn die Umschläge auf den Stühlen verteilen. Dabei einprägen, wo der Umschlag mit dem farbigen Blatt liegt.
- Umschläge öffnen lassen. Dabei die Reaktionen der Kinder aufmerksam aufnehmen.
- Situation des Andersseins schaffen: Kind mit dem farbigen Blatt in die Mitte des Kreises, dort kommentarlos warten lassen.
- Gespräch über Gefühle und Gedanken zu dieser Situation. Reaktionen der Kinder als Auftakt.
- Ähnliche Erlebnisse erzählen lassen. Konkrete Details bekräftigen.
- Aufgabenstellung: Persönliche Gedanken und Gefühle aus eigener Betroffenheit oder aus Mitgefühl aufschreiben.
- Formen für die literarische Gestaltung an Beispielen vermitteln: kurzer Text oder Akrostichon zu einem Wort, das Anderssein ausdrückt.
- Beim Schreiben zum Rat bereit sein, die Kinder aber mehr einfühlend begleiten.
- Zum Abschluss im Stuhlkreis vorlesen. Aufeinander hören. Die Vielfalt der Situationen, Gefühle und Gedanken bewusst werden lassen.

Varianten:

- Die Situation des Andersseins lässt sich auch mit einer Episode aus einem Kinderbuch schaffen, z.B. Meyer-Dietrich: „Christina – Freunde gibt es überall" (Ravensburger).
- Es kann auch ein Bild mit kurzem Text gestaltet werden.

Anders sein

„Kleine sind auch groß."

Josefine, 10 Jahre

Auf das Stichwort „Anderssein" fallen den Kindern sofort Assoziationen ein: dick, fremd, allein sein …
Sie kennen das aus eigenem Erleben und spüren es bei anderen.
Sie können davon sprechen, sie haben Wichtiges zu sagen. Aber sie sagen es nicht, weil sie sich öffnen müssten. Sie müssten über ihre Gefühle nachdenken und über die der anderen. Sie müssten Worte dafür suchen. Das ist Kindern aber nicht selbstverständlich.
Ich rege sie an, ihre Worte zu finden. Sie können helfen, dass wir voneinander wissen, dass wir einander verstehen und annehmen.

👁 Einstimmung: Neugier wecken

Die Kinder drängeln in den Raum. Ein Briefumschlag wartet auf sie, liegt auf ihrem Stuhl, auf jedem einer. Meine Erwartung ist groß und auch meine Aufregung. Wie werden sie reagieren? Einige nehmen ihn verwundert, drehen und wenden ihn. Andere wiegen ihn auf der flachen Hand, befühlen und beriechen ihn. *„Ihr könnt ihn öffnen"*, sage ich.
In jedem Umschlag steckt ein weißer Zettel, nur in einem ein gelber.
Beim Auslegen habe ich mir eingeprägt, auf welchem Stuhl der mit dem gelben liegt. Ich will sofort im Blick haben, wer ihn aus dem Umschlag zieht.
Es ist ein Mädchen.
„Du hast den gelben Zettel. Geh bitte in die Mitte", sage ich, nicht freundlich, nicht streng. Ganz allein steht sie nun dort.

… und einem fliegenden Schrank

Anders sein

Ich könnte, um solch eine Situation zu schaffen, auch fragen, wer sich in die Mitte stellen will. Aber das will nur selten jemand. Wer dann muss, verschließt sich. Oder aber es meldet sich der, der immer gern im Mittelpunkt steht. Also besser den Zufall wirken lassen.

Reaktionen der Kinder aufmerksam aufnehmen

Ich lasse das Mädchen eine Weile warten. Ich sage nichts, schaue sie nur an, aktiviere in meiner Rolle als stumme Beteiligte aber meine Augen und Ohren zu Seismographen. Eine verblüffende Situation, sind Schüler doch gewohnt, Anweisungen zu bekommen. Sie reagieren fantasievoll und neugierig. Nein, zuerst neugierig, erst dann fantasievoll, denn die Neugier hat ihre Fantasie geweckt.

Das Mädchen kichert, sieht fragend zu mir, sieht Hilfe suchend zu ihren Mitschülern. Von allen Seiten Zurufe: *„Wie peinlich.", „Ach, sie hat ja gelbe Hosen an."* (Das war natürlich Zufall.), *„Mach mal 'nen Clown!", „Zum Glück, ich hab nicht den gelben Zettel.", „Sie hat die gelbe Karte gekriegt." – „Bist du Model?"* (Ein Junge hält Daumen und Zeigefinger zu einem Viereck gestreckt vor die Augen. Er prüft durch seine „Kamera", wechselt den Blickwinkel.)

Das Mädchen steht ruhig da. Sie modelt nicht, sie spielt auch nicht den Clown. Mit ihrer Geduld hat sie verdient, dass ich sie endlich erlöse. Schnell sitzt sie wieder auf ihrem Platz.

Anleitung: Situationen ausmalen

„Was meint ihr, wie hat sie sich gefühlt so allein in der Mitte, und von allen angesehen?" … „Du hast gesagt: Wie peinlich.

Von Uhrenfischen …

Anders sein

Und du: Zum Glück, ich hab nicht den gelben Zettel", spreche ich zwei Mädchen an. Sie sollen sich nicht nur als Zuschauer fühlen. Jeder von ihnen hätte den anderen Zettel im Umschlag finden können, jeder hätte da auf dem Präsentierteller stehen können.

Zielgerichtet fragen

„Ihr kennt alle solche Erlebnisse, in denen ihr euch alleine gefühlt habt, oder in denen ihr mal anders sein wolltet: mutiger, stärker, größer", sage ich den Kindern auf den Kopf zu.

Ich frage nicht: Wer hat schon einmal eine ähnliche Situation erlebt? oder: Habt ihr schon einmal …? Schnell könnten sie dann mit Ja oder Nein antworten. Das Gespräch wäre beendet. So fühlen sich die Kinder herausgefordert, in ihren Erinnerungen zu suchen. Das Gespräch kann beginnen.

„Ich kenn das. Ich bin neu in die Klasse gekommen, und alle haben mich angeguckt", erinnert sich Paul. *„Und wie hast du dich gefühlt damals?"* *„Voll scheiße!"* Er erschrickt kurz über seinen Ausbruch. Aber ich bestätige ihn. Er sagt ehrlich, was er gefühlt hat. Es passt in die Situation, es kommt voll aus seinem Empfinden, auch wenn er jetzt lachen kann darüber und alle mitlachen.

Laura fällt zum Anderssein-wollen spontan ein: *„Ich möchte gerne kleiner sein."* – *„In welcher Situation?"*, will ich wissen. *„Erzähle uns davon, damit wir uns einfühlen können."* Doch da wirft Patrick, einer der größten in der Runde, schon ein: *„Ich will manchmal größer sein!"* Kleine wünschen sich, größer zu sein. Aber warum er, der lange Patrick? Er erzählt von seiner kranken Oma, der er helfen will. *„Und wenn ich dann was von oben aus dem Schrank holen will, dann will ich größer sein, weil ich immer einen Stuhl dafür nehmen muss."* Jetzt können wir Patrick verstehen. Wir sehen ihn auf dem Stuhl stehen und auf dem Stapel nach einem Handtuch langen, obwohl er doch mit uns in der Runde sitzt und kein Schrank da ist und keine Oma. Mit seinen Worten hat er sie uns vor die Augen gezaubert. Bei jedem Kind bekräftige ich solch konkrete Sätze, will damit alle Kinder zu persönlichen Sätzen ermutigen.

... und einem fliegenden Schrank

Anders sein

Die Kinder sind bereit, ich kann ihnen ihre Aufgabe stellen.
„Schreibt auf, wie ihr euch gefühlt habt in solchen Situationen des Andersseins. Was habt ihr gedacht? Ihr könnt sie selbst erlebt oder mit anderen mitgefühlt haben."

Formen fürs Schreiben:

Als Anregung lese ich zwei Beispiele vor. Die Kinder können ihre Gedanken und Gefühle in einem (kurzen) Text aufschreiben, wie Minh das getan hat.

Ich wäre gern ein Vogel, weil ich fliegen kann und dann bekomme ich keinen Streit, weil ich immer wegfliegen kann. Fliegen finde ich toll.

Minh, 9 J.

Nach Minhs Sätzen wird verständnisvoll genickt.
Eine andere Form kann ein Akrostichon sein.
Ich zeige Andrés Gedicht. Er hat das Wort „ANDERS" von oben nach unten geschrieben und in die Zeilen kurz, was ihm wichtig ist zu diesem Wort.

Anders als die anderen.
Nicht richtig dabei.
Doch er ist ein bisschen wie wir.
Erst anders, dann wie wir.
Recht für alle.
Sollen ihn nicht hänseln.

André, 11 J.

Von Uhrenfischen ...

"*Der könnte ich sein*", stellt Paul fest. Ja, als er in die Klasse gekommen ist. Auch André hat mit seinen Worten gezaubert. Paul entdeckt sich in ihm. Jetzt wollen die Kinder keine Beispiele mehr, jetzt wollen sie endlich selber zaubern.

Gestaltung: Sich öffnen

Anfangs sind die Kinder noch zu lebhaft. Sie müssen erst zur Ruhe kommen, müssen bereit werden, in sich zu lauschen.
Beim Schreiben wird es ruhiger im Raum, nur manchmal noch ein Flüstern, ein Kichern. Ich halte mich zurück, stehe nur still dabei. Ich muss ihre Fantasie nicht herauslocken, denn sie schreiben über ihre Erlebnisse.
In ihre Sätze will ich ihnen nicht hineinreden. Sie sind sehr persönliche Nachrichten, die ich behutsam aufnehmen will.
Lange halte ich das Zusehen nicht aus. Welche Wörter und Sätze haben sie wohl fürs Anderssein gefunden? Ich schaue den Kindern über die Schulter. Was ich lese, macht mich froh.

> Ich bin groß und stark, aber die Kinder pisacken mich. Sie rufen blöde Sachen. Manchmal muss ich mich in der Toilette verstecken und die Lehrer helfen mir dann.
>
> **Michael, 9 J.**

Gleich nach dem ersten Satz hat Michael mein Mitgefühl.
"*Schlagen sie dich?*", frage ich. – "*Nein, sie rufen was.*" "*Und was rufen sie?*" – "*Du hast ja schon wieder gewa-ha-heint.*"
In seiner Stimme höre ich die Jungen rufen.
Den Satz will er nicht in seinen Text schreiben, aber er zeichnet die Szene. In eine Sprechblase schreibt er: "*Du bist eine Flenne. Ha, ha!*"

Anders sein

> Manchmal möchte ich gerne kleiner sein. Immer wenn ich im Kaufhaus bin und eine neue Hose brauch, passt mir immer keine. Genau in diesem Moment würde ich gerne kleiner sein, damit ich in die Hose passe.
> Denn es dauert mir viel zu lange beim Anprobieren.
>
> **Laura, 11 J.**

Laura hat also nicht vergessen, was sie erzählen wollte. Ich kann mit ihr fühlen. Kleiner will ich nie sein, aber Lauras Ungeduld zappelt auch in mir.

> Anders sein.
> Wenn ich bei meiner Oma bin, dann will ich gern groß sein und stark, damit ich meiner Oma dann helfen kann, damit meine Oma sich nicht anstrengen muss.
>
> **Patrick, 11 J.**

Ich kann spüren, dass Patrick seine Oma liebt und dass er ihr helfen will. Aber diesmal sehe ich ihn nicht dabei. Das denke ich, aber ich sage es natürlich nicht zu Patrick.
Nicht selten ist es so, dass die Kinder lebendiger erzählen als schreiben. Da können sie frei losreden, wie ihnen die Wörter auf die Zunge kommen, sie müssen nicht gebändigt werden wie auf dem Blatt. Ich muss mich auf mein pädagogisches Geschick verlassen, wann ich den Kindern wirklich helfe mit einem Rat.

Von Uhrenfischen ...

Anders sein

Anders sein ist nicht toll.
Niemand will alleine sein.
Das ist ein komisches Gefühl.
Es ist traurig, sehr traurig.
Rutschen oder spielen miteinander ist besser
   als alleine sein.
Sollte er keine Freunde haben, muss er welche finden.

Trang, 9 J.

Beinahe hätte ich Trang vorgeschlagen, in der letzten Zeile „man" statt „er" zu schreiben. Aber nein, sie hat es so geschrieben. Ich halte mich zurück. Vielleicht hat sie an einen bestimmten Jungen gedacht. Auch der Leser kann einfach an einen Menschen denken oder an einen „er". Mein „man" aber ist sehr unpersönlich.

Dick ist normal.
Ich weiß wie das ist.
Ch ch lachen alle und
Kucken doof.

Vladislav, 10 J.

Das Auslachen macht Vladislav mir vor. Dick ist er nicht. Aber mitfühlend.

Markus schreibt von Segelohrenhänseleien. Sakiar möchte dünn sein. Susanne ist traurig über ihren Bruder. Sie erzählen auf ihrem Blatt. Aber werden sie auch vorlesen?

... und einem fliegenden Schrank

Anders sein

Präsentation: Vertrauen erleben

„Auch ein kleiner Mund kann eine große Wahrheit aussprechen."

Rassul Gamsatow

Vor Jahren habe ich diesen Satz gelesen. Er ist mir im Gedächtnis geblieben. Immer wieder erlebe ich mit Kindern, wie wahr er ist.
Ich erlebe es auch in ihren Sätzen:

Kein Mensch hat nie Glück.	**Josefine**
Niemand soll mit seiner Angst alleine sein.	**Duc**
Respekt gilt für jeden.	**Patrick**
Siegen muss man nicht immer.	**Stefan**
Ein kleines Lächeln kann schon die halbe Welt anstecken.	**Julia**

Neun, zehn und elf Jahre alt sind die Kinder, die diese Sätze geschrieben haben. Sie sitzen um mich herum, staunen über mein Staunen, freuen sich über meine Freude (und finden wohl beides ein bisschen seltsam).
Ich habe mir ihre Sätze aufgeschrieben. Sie machen mich reicher.

Ich möchte gern dünn sein, denn beim Theater müssen wir einen Body tragen. Und das ist ziemlich peinlich, denn dann kuckt der Bauch so blöd raus. Und es gibt Kinder, die hänseln einen, wie er aussieht. Ich verliere dann mein Selbstvertrauen und werde gleich rot.
– kurze Pause beim Vorlesen –
Mich kann keiner nachmachen.
  Du bist du und ich bin ich.

Sakiar, 10 J.

Von Uhrenfischen ...

Sakiar liest diese Zeilen vor. Klein ist sie und pummelig, und natürlich rot geworden übers ganze verschmitzte Gesicht. Kein spöttischer Blick trifft sie, kein spöttisches Wort. Unsere Blicke machen sie groß.

Auch Susanne hat den Mut, ihr Akrostichon vorzulesen.

> Fett oder dick zu sein, ist nicht einfach.
> Einfach, sagen sie, ist es dünn zu sein,
>   aber nicht für mich.
> Traurig bin ich, wenn mir jemand Hamburger
>   oder Kuh hinterherruft.
> Traurig find ich auch, dass ich meinem großen Bruder
>   peinlich bin.
> Verstehen tu ich das nicht.
>
> **Susanne, 12. J.**

Auch manche Jungs in der Klasse sagen „Hamburger" oder „Fette Kuh" zu ihr. Und das ist so erniedrigend, setzt Susanne hinzu. Vielleicht können diese Jungs sich jetzt ein bisschen in sie versetzen. Susanne hat ihnen die Chance gegeben. Und sich selber. Wir genießen die Vertrautheit, die solch ein Vertrauen zulässt. Wir kommen einander nahe, nicht nur, weil wir Stuhl an Stuhl sitzen.

> Ich möchte anders sein.
> Ich möchte gern Millionär sein, weil ich mehr Geld
> haben möchte, und weil mein Vater arbeitslos ist.
> Deswegen kriege ich nicht mehr so viele Spielsachen
> wie früher. Früher bin ich manchmal zur Arbeit
> mitgekommen. Mein Vater hat als Kranken-
> pfleger gearbeitet. Ich habe ihn sehr lieb.
>
> **Florian, 9 J.**

Anders sein

Als Florian seinen Text begann, kam sofort Abwehr in mir hoch und der Gedanke: Natürlich, Millionär sein wollen. Viel haben wollen.
Beim Weiterhören habe ich mich geschämt. So viel Liebe schwingt mit, so viel Traurigkeit in Florian um seinen Vater. Tiefes Mitempfinden wecken nun seine Sätze. Aber nach den ersten Worten gleich Vorurteile in mir.

„Seht ihr den Mond dort stehen? Er ist nur halb zu sehen. Und ist doch rund und schön! So sind gar manche Sachen, die wir getrost belachen, weil unsre Augen sie nicht sehn."

Matthias Claudius (1740 - 1815)

So heißt es im Abendlied von Matthias Claudius, das gerade wegen dieser Aussage zu meinen liebsten Liedern gehörte. Und jetzt habe ich selber nur „halb gesehen". Das schmerzt mich.

Ich bin stark, liest Richy von seinem Blatt ab.

Ich sehe Zweifel in so manchem Gesicht. Richy ist stark?
Ja, er ist stark, denn er hat Selbstvertrauen. Das hören wir, als er weiterliest:

> Ich bin 8 Jahre alt, aber ich mag 14 Jahre alt sein, dann darf ich Formel-1-Fahrer sein. Mein Papa geht natürlich ins Stadion, und dann guckt er, wie ich den ersten Platz mache. Dann krieg ich einen Pokal.
>
> **Richy, 8 J.**

Für seine Geschichte hat er schon heute einen Pokal verdient.

Von Uhrenfischen ...

60

Anders sein

Also was soll mir an meinem Leben nicht gefallen?, fragt sich Justine. Sie ist, wie sie ist und will nicht anders sein. Sehr selbstbewusst steht sie da, nicht nur auf ihrem Blatt (siehe S. 142).

Philipps Text geht mir nahe:

Besser sein.

Am liebsten würde ich besser und klüger sein, als ich jetzt bin. Manchmal denke ich, dass ich was falsch mache. Zum Glück verzeihen sich Freunde.

Meine Freunde nehmen mir die Angst, und ich nehme ihnen die Angst. Darum halten wir zusammen.

Philipp, 10 J.

Philipps Freunde sitzen neben ihm im Kreis, so wie schon vorher am Tisch. Sie haben wohl noch nie solche Sätze von ihm gehört. Die Atmosphäre der Schreibwerkstatt hat ihn angeregt, Worte für sein Gefühl zu finden und aufzuschreiben. Sie hat ihn auch ermutigt, sie vorzulesen.

Schreibwerkstätten zum Ich – Abschließen und weiterführen

Drei Varianten zum ICH habe ich Ihnen vorgestellt.
Sie konnten erleben, dass nicht viel nötig ist, die Kinder zum Nachdenken über sich zu bringen. Ob das mit einer Schachtel gelingt, einem leeren Blatt oder einer Papiermaske ist nicht wichtig. Ihnen fallen gewiss auch noch andere Mittel ein.

... und einem fliegenden Schrank

Anders sein

Und gewiss kommen Ihnen auch noch andere Formen in den Sinn, die Sie den Kindern vermitteln wollen, ihr ICH kreativ auszudrücken.
Wichtig ist, Situationen zu schaffen, in denen die Kinder sich angesprochen fühlen, Situationen, in denen sie sich öffnen und sich ausprobieren können, ohne bewertet oder zurechtgewiesen zu werden. Dann fühlen sie sich angenommen und sprechen (und schreiben) von sich.
Immer wieder müssen wir sie dazu ermutigen.

Und nun – eine Fantasiewörterwerkstatt

Kann man Fantasie trainieren?
Ja, sage ich, denn ich erlebe es immer wieder. Ich fordere die Fantasie der Kinder heraus, lasse sie mit Lust und Vergnügen spinnen, lasse sie fantasieren. Sie kommen auf immer neue Ideen. Das macht sie stark.
Sie können Hürden überspringen, die die Vernunft ihnen setzt, meist die Vernunft der Großen. Sie sehen was, was wir nicht sehen, stellen sich was vor, wo wir schon feste Bilder im Kopf haben. Sie formen sich ihre Wirklichkeit in unserer. Sie denken, was undenkbar scheint, verändern, was unveränderbar scheint – alles (noch) im Spiel.
Aber nicht nur um Wortspielfreude geht es mir dabei. Ich weiß, immer wieder werden sich die Kinder auf Neues einstellen und ihren Zugang dazu finden müssen. Ich will, dass sie sich auf Herausforderungen einlassen, dass sie nicht davor zurückscheuen: Kenn ich nicht – kann ich nicht!
Geht nicht? Stattdessen: Ich stelle mir mal vor, wie es gehen könnte.
Ihre Fantasie soll ihnen Flügel geben und ihre Vernunft Beine.

Von Uhrenfischen …

Fantasiewörterwerkstatt:

Fantasiereise auf dem Wörterfluss

Die Kinder erleben die Freude
am fantasievollen Spiel mit Wörtern.

Sie verbinden zwei scheinbar nichtzusammengehörige
Nomen zu einem neuen Nomen und stellen es
in einem kurzen Text vor.

Sonne

Ampel

Bett

Wolke

Wörterfische
aus farbigem Tonkarton

Fantasiereise auf dem Wörterfluss

In aller Kürze (ab 3. Klasse)

Material: eine Rolle blaues Krepp-Papier, Kiesel, kleine Muscheln, farbige Tonkartonfische mit je einem Nomen auf dem Leib (siehe Deckblatt S. 63)

Arbeitsschritte:

➲ Das Krepp-Papier als Fluss ausrollen. Die Fische, Kiesel und Muscheln darauf verteilen.

➲ Jeweils 2 Fische aus dem Fluss holen, sie hochhalten und aus den zwei Wörtern darauf ein neues bilden.

➲ Vorstellungen dazu entstehen lassen und anschaulich erzählen.

➲ Aufgabe formulieren: Zwei bekannte Wörter zu einem neuen Wort verbinden, also ein Wort erfinden. Diese Erfindung so beschreiben, dass andere sie sich vorstellen können (Form, Funktion usw.)

➲ Formen vermitteln: eine Anzeige (Ich verkaufe ... / Verloren ...), eine kurze Geschichte

➲ Beim Schreiben den Kindern mit einfühlsamen Fragen helfen, sich intensiver in ihre Ideen zu versetzen.

➲ Zum Abschluss im Stuhlkreis vorlesen. (Keiner muss!) Die Vielfalt der Ideen bewundern und genießen.

Variante: Die Erfindungen können auch mit einer Zeichnung vorgestellt werden.

> „Man sollte auf keinen Fall die Fantasie eines anderen auslachen, egal wer es ist, denn jeder hat seine eigene Vorstellung."
>
> **Torsten, 10 Jahre**

Uhr sucht Fisch ... und wenn sie sich finden, können sie ein Paar werden. Oder wenn ein Kind sie fantasievoll verbindet. Dann kann der Uhrenfisch bald Sprünge machen.

Aus dem Rahmen fallen, Verbindendes suchen, neue Bindungen wagen, nicht nur für Uhr und Fisch, für Kinder ist das ein Kinderspiel.

Und wenn Hänschen es geübt hat, kann's auch der Hans. Das ist meine Hoffnung.

Einstimmung: Situationen schaffen

Blaues Krepppapier zieht sich durch den Raum, ist zu einem Fluss geworden. Papierfische schwimmen drin, tragen Wörter auf ihrem Leib. Kiesel und kleine Muscheln verstärken die Illusion.

Beim ersten Mal waren die Fische Würfel. Einen Fluss gab es nicht, keine Muscheln, keinen Seestern. Die Würfel trugen Bilder auf ihren Flächen.
Sie wurden zusammengewürfelt und zu neuen Wörtern zusammengesetzt:
Ampel, Hut: Hutampel oder Ampelhut?
Baum, Glocke: Glockenbaum oder Baumglocke?
„Zusammengewürfeltes" hatte ich die Veranstaltung genannt. Aber die Würfel waren mir zu kantig, sie knallten und klackten auf den Tischen. Den Kindern machte der Krach Spaß. Mir nicht. Die Wörter sollten sie hören und nicht den Würfelknall. Dafür brauchen sie Stille.
Also eine neue Methode ausdenken.

Fantasiereise auf dem Wörterfluss

Fische knallen und klacken nicht. Und Fische fangen macht auch Spaß. Deshalb nun ein „Wörterfluss" für die Kinder.

Wir sitzen am Ufer des Krepp-Papierflusses. Vorstellungen steigen auf. „Sollen wir schwimmen?", „Überschwemmung! Überschwemmung!", „Huch, ich geh unter!" Mein Fluss ist also angenommen. Bald auch als Wörterfluss. „Die Wörter sind versunken", „Die Fische haben die Wörter gerettet. Sie tragen sie auf der Haut." Wer fängt den ersten Fisch?

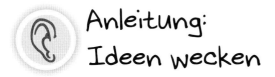

Anleitung: Ideen wecken

Ein Fisch wird hochgehalten. Darauf das Wort „Knopf".
Ein zweiter: Darauf: „Bett". – „Bettknopf!" – „Nein, ein Knopfbett!"
Knopfbett? Noch nie gesagt wurde dieses Wort, noch nie geschrieben. Aber jetzt ist es da, jetzt muss das Knopfbett erfunden werden. Von den Kindern. Und es soll beschrieben werden von ihnen. Nicht nur das Knopfbett, sondern jede ihrer Erfindungen. Zu dieser Aufgabe führe ich sie.

Eine Form kann sein: **eine Anzeige**
Die Kinder kennen bestimmt die Zettel an Bäumen oder Laternen in Wohngebieten: Verkaufe Sofagarnitur, Katze entlaufen, …
Ich erkläre: „Beschreibt eure Erfindung so, dass fremde Menschen sie sich vorstellen können. Ihr wollt sie doch verkaufen. Ihr wollt sie doch wiederhaben."

Eine andere Form: **eine kurze Geschichte**
„Erzählt so von eurer Erfindung, dass auch andere Menschen Freude daran haben."

Als Stichworte gebe ich:
„Wie sieht sie aus? Wie funktioniert sie? Wer benutzt sie? Was ist das Besondere daran?" Fragen, die mit Fantasie zu beantworten sind.

Von Uhrenfischen …

Fantasiereise auf dem Wörterfluss

Bunte Fantasieperlen wirbeln in den Köpfen der Kinder. Sie denken sich aus, was sie noch nie zuvor gesehen haben. Sie finden Sätze dafür und rufen sie mir zu: „Ein Bett mit ganz vielen Knöpfen dran."

„Das ist rund und klein, vielleicht für nen Däumling. Und man kann es drehen." – „Das kann man sich anknöpfen. Und abknöpfen und aufblasen zum Schlafen."

Immer lebhafter wird ihre Vorstellungskraft, immer mehr auf Bett und Knopf gerichtet. *„Tolle Idee, ich kann das richtig sehen!"*, ermuntere ich sie zu immer mehr Einfällen.
„Ich liege in meinem Knopfbett und drücke auf einen Knopf. Da muss ich nicht in die Schule. Frau Anger kommt an mein Bett", wünscht sich Fine.
„Und was ist, wenn ich auch einen Knopf drücke, und Frau Anger muss zu mir kommen?", kontert Aileen. Die Kinder sind baff. Ich auch.
Wunderbar, wie die Kinder sich in die Ideen der anderen versetzen!

Als Nächste will Fatlinda ihr Wort sagen. Einen Geldbaum wünscht sie sich. Ich: *„So einen möchte ich auch haben."* – *„Ich nicht!"*, wirft Jan ein.
Wir wundern uns. Er erklärt: *„Da muss ich doch immer aufpassen. Die Leute wollen doch das Geld klauen."*
„Dafür gibt's Alarmanlagen", widerspricht Laura. Eine Idee ist nun in ihrem Kopf. Fehlt nur noch die Geschichte. Aber die erfindet sie auch noch.

Kurzes Wolkengespräch:
Simone: *„Frau Streit, stimmt's, einen Wolkenbrecher gibt es?"* Svea: *„Wolkenkratzer heißt das!"* Leo: *„Oder Wolkenspiegel."* Ich: *„Was stellst du dir darunter vor?"* Leo: *„Einen Teich oder einen See, wo sich die Wolken spiegeln."* Ein schönes Fantasiewort und eine neue Metapher für Teich – ihm spontan in den Sinn gekommen.

Frederik erzählt von einem „Wolkenklavier", das der „Stimmengel" reparieren muss. Gleich können wir eine Melodie hören.
Ein „Wolkenauto" lässt Adrian vor unserem inneren Auge fahren (ein Engel wartet darauf, denn er hat gerade seinen Führerschein gemacht).
Robert lässt einen „Schaukelbaum" wachsen, fünf Meter hoch (schade, in seiner Geschichte ist es dann nur „ein großer Baum"). Es müsste einen Apparat geben, der Gesprochenes sofort aufs Papier bringt.
Müsste geben? Dann muss er eben erfunden werden!

... und einem fliegenden Schrank

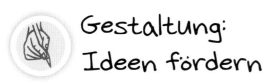

Gestaltung: Ideen fördern

Ich zeige den Kindern zu Beginn ein Ringbuch.
„Alle Geschichten in diesem Buch haben Kinder wie ihr geschrieben", erkläre ich. *„Als sie in die Geschichtenwerkstatt gekommen sind, haben sie auch nicht gewusst, dass sie in ihnen stecken."*
Sie sollen erkennen: Die Geschichten von Kindern sind mir so wertvoll, dass ich sie abschreibe und in einem Buch sammle. Immer wieder spüre ich, dass sie staunen über diese Wertschätzung.

Schnell blättere ich durch das Buch. Sie sehen beschriebene Seiten, bunte Bilder. Sie wollen hineinsehen, wollen hören. Aber nur eine Geschichte lese ich vor. Anfangs waren es mehr, denn ich wollte den Kindern Variationsmöglichkeiten zeigen. Mit großem Eifer habe ich vorgelesen, bis einmal ein Junge lautstark protestierte: *„Genau das Wort wollte ich doch nehmen!"*
Seine Enttäuschung war mir ein Warnsignal: Traue Kindern etwas zu, lass sie selber auf Varianten kommen.
„Eure Geschichten können mein Buch noch dicker machen!", sporne ich sie zum Schreiben an. Sie legen Füller und Zettel bereit.

Den Kindern Zeit lassen

Die Kinder brauchen Zeit, Bilder in ihrem Kopf entstehen zu lassen, und Zeit, davon zu erzählen. Das habe ich aus einer Enttäuschung gelernt: Beim ersten Mal hatte ich sie schon nach einigen Beispielen aufgefordert: *„Ihr habt doch verstanden, was ihr mit den Wörtern machen sollt. Ihr könnt jetzt schreiben!"* Und was ist geschehen?
Eben noch waren sie mir mit ihren Schnipsfingern fast entgegengesprungen, jeder wollte seine Idee erzählen. Plötzlich Ruhe. Kein Stift regte sich. Wegen meiner Uhr im Hinterkopf (nur noch eine Stunde und noch kein Wort auf dem Papier) hatte ich ihre Fabulierfreude verschreckt. Es war schwirig, sie wieder hervorzulocken.

Von Uhrenfischen ...

Fantasiereise auf dem Wörterfluss

Jetzt aber wird geschrieben, als ginge es um die Wette oder als hätten sie auf genau diese Anregung gewartet. *„Fertig!"*, ruft Theo und hält mir schon nach kurzer Zeit sein Blatt hin.

Die Ampelschlange
Die Ampelschlange ist eine Schlange, die wie eine Ampel steht.
Die Ampelschlange leuchtet rot, aber auch gelb, aber auch grün.
Sie schlängelt sich aber auch. Sie leuchtet dabei rot, gelb, grün.

Er blickt zu mir hoch. *„Das hab ich doch gut gemacht!"*, blitzen seine Augen. Mir kommt ein Gedanke in den Sinn, aber ich muss aufpassen, dass ich ihm damit nicht die Freude an seiner Geschichte nehme, ihm nicht seine Geschichte nehme.

Nicht zu viel reinreden

Paul aus meiner Arbeitsgemeinschaft hat mich das einmal eindrücklich erleben lassen: Seine Geschichte war originell ausgedacht und aufgeschrieben. Er fand sie gut. Ich auch. Bis mein stilistisch geschulter Blick mich Sätze entdecken ließ, die noch treffender hätten ausgedrückt werden können. Einen Satz, einen zweiten und noch einen.
Mein Bedürfnis wuchs, ihm zu helfen, die Geschichte noch besser zu schreiben. Natürlich schwang das mit, als ich ihm die entsprechenden Stellen zeigte. Bei der ersten war er schnell überzeugt. Bei der zweiten widersprach er zögernd, versprach aber, meine Variante zu bedenken. Bei der dritten machte er sich steif. Leider überhörte ich das in meinem Lektorinnen-Eifer. Nach der nächsten platzte es aus ihm heraus:
„Dann können Sie doch gleich die Geschichte schreiben, das ist dann doch nicht mehr meine!"
Diese Wirkung hatte ich ganz und gar nicht erzielen wollen. Immer soll es der Text der Kinder bleiben. Sie haben das letzte Wort, auch wenn es mir schwerfällt, wenn es mich manchmal nicht überzeugt. Sie schreiben ihre Geschichten nicht für meine Vorstellungen. Sie schreiben ihre Geschichten.

Aber zum Schreiben gehört eben auch die Arbeit am Ausdruck.
Manchmal muss ich den Kindern ein bisschen helfen,
muss ihnen einen Stupser geben. Sie sind sonst schnell

 Fantasiereise auf dem Wörterfluss

zufrieden, wenn der erste Einfall auf dem Papier steht, malen ihn nicht aus, versuchen nicht, ihn noch treffender auszudrücken.

Mit meinen Ratschlägen begebe ich mich auf einen schmalen Grat. Lobe ich sie für jeden Satz, mache ich sie genügsam. Gebe ich zu viele Hinweise, nehme ich ihnen den Mut. Immer wieder hilft mir Pauls Bemerkung, den richtigen Schritt zu tun, das richtige Wort zu finden, gemeinsam mit dem Kind.

Auch mit Theo gelingt mir das. „Ich kann mir deine Ampelschlange vorstellen", sage ich zu ihm. „Ich sehe ihre Farben. Aber ich sehe sie nicht in Aktion." Ich ermuntere ihn: „Stell dir das doch einmal vor, richtig wie in einem Film: Wo steht deine Ampelschlange? Da kommt doch bestimmt jemand vorbei. Und was passiert dann? Siehst du es?" Es ist seine Idee, die ich ihm vor Augen führe. Es sind seine Vorstellungen, die in ihm entstehen. Ich will ihm keine einreden, ich wünsche mir seine. Theo spielt mit. Sein Film läuft. Schon beugt er sich wieder über sein Blatt und schreibt los:

Die Ampelschlange

Die Ampelschlange ist eine Schlange, die wie eine Ampel steht. Sie schlängelt aber auch und leuchtet dabei rot, grün und gelb. Die Ampelschlange schlängelt sich durch die Wiese. Da kommt ein Igel. Der Igel fragt: „Warum leuchtest du denn rot?" Die Ampelschlange sagt: „Ich leuchte rot, weil die Tiere jetzt stehen bleiben müssen." Der Igel sagt: „Ich hab es aber eilig."
Da schaltet die Ampel von rot auf grün.

Theo, 8 J.

 Meine Augen strahlen ihn an, heller als jede Ampel: Grün für die Fantasie!

Von Uhrenfischen ...

Fantasiereise auf dem Wörterfluss

Kleine Episode

An Jessicas Tisch entsteht Unruhe. Geräuschvoll rutscht sie von ihrem Stuhl auf den nächsten und sitzt dann wieder schreibbereit. Auf meinen Blick reagierend, erklärt sie: *„Das ist nämlich ein Geschichtenstuhl. Den anderen habe ich schon ausgequetscht."* Toll.

Neugierig bin ich auf Lauras „Muscheluhr". Sie hatte erzählt, dass sie ihre Schalen öffnet und Blasen aufsteigen lässt: so viele, wie spät es ist. Nichts davon kann ich auf ihrem Blatt lesen. Da steht lapidar:
„Ich zeige den Muscheln und Fischen, wie spät es ist."
Wie gut, dass ich den Kindern (meist) aufmerksam zuhöre und mir ihre Formulierungen oft merkwürdiger sind als ihnen. Ich höre noch, wie Laura mit Worten die Blasen hat aufsteigen lassen. Sie sollen nicht einfach so zerplatzen, als wären sie nie da gewesen. Schnell lasse ich sie mit ihren Sätzen noch einmal aufsteigen. Laura spürt ihr Kribbeln und lässt die Muscheluhr genauer berichten:

> Die Muscheluhr
>
> Ich bin eine Muscheluhr. Ich zeige den Muscheln und Fischen, wie spät es ist. Jeden Morgen um 6 mache ich meine Schalen auf, und plötzlich lasse ich Blasen heraus und Perlen. Um 12 habe ich Pause. Ich mache meine Schalen zu und schlafe bis um 1. Dann geht's wieder los. Ich mache meine Schalen auf und lasse wieder Blasen und Perlen heraus. Um 9 Uhr abends habe ich Schluss.
>
> **Laura, 9 J.**

Laura hat nun auch Schluss. Zu „mache ich meine Schalen auf" würde ich Laura gern noch sagen: Machen ist so ein

… und einem fliegenden Schrank

Fantasiereise auf dem Wörterfluss

„Wischiwaschiwort", es passt überall hin. Stell dir einmal vor, wie sie die Schalen aufmacht und suche ein genaues Wort dafür, möchte ich ihr raten. Aber es ist Lauras Muscheluhr, und sie ist stolz darauf. Ich halte mich zurück, diesmal.

Nicht nur eine Muscheluhr gibt es, auch einen „Uhrenfisch". Der springt auf Tanjas Blatt. Kein Kind muss ausgeschimpft werden, weil es zu spät aus dem Park kommt. Der Fisch zeigt ihm ja, wie spät es schon ist (siehe S. 142). Auch Jakobs Zukunftsfisch, in dem man sehen kann, was geschehen wird, könnte manchmal nützlich sein.

Simone hat bisher nur einen Satz geschrieben: „Ich habe ein Kleiderradio zu verkaufen." – „Wieviel soll es denn kosten?", will ich wissen. Den Preis weiß Simone noch nicht. *„Aber nicht für Geld!"*, sagt sie entschieden und schaut dann etwas hilflos auf ihr Blatt.

„Nicht für Geld also. Vielleicht für einen Sonnenstrahl? Oder für ein Lächeln?", versuche ich, mich einzufühlen. Ich will Simone nicht die Hand führen mit meinen Vorschlägen. Ich will sie nur ein bisschen an die Hand nehmen, ihr eine Lösung zeigen. Eine Lösung. Ihre soll sie selber finden. Vielleicht eine von meinen. Simone hat sie gefunden:

Das Kleiderradio

Ich habe ein Kleiderradio zu verkaufen. Aber Achtung: Nur für Kinder. Wenn Erwachsene es anziehen, spielt das Radio so laut, dass man Ohrenschmerzen bekommt. Der Preis: ein guter Traum. Und es muss darin vorkommen:
1. ein Tier, 2. Regen, 3. Sonne, 4. kein Radio darf vorkommen, 5. er muss am See handeln, 6. man muss ihn öfters träumen können

Wer kann mir so einen Traum erzählen?

Simone, 10 J.

Von Uhrenfischen ...

Fantasiereise auf dem Wörterfluss

Kein Sonnenstrahl, kein Lächeln. Ein Traum. Eine fantasieanregende Idee – und ganz ihre eigene.

Auf Pias Blatt lese ich: „Der Handyplanet." Ich kenne die Erde, den Saturn, den Mars. Von einem Handyplaneten habe ich bisher noch nie gehört. Pia schildert in ihrer Geschichte, wovon so manches Mädchen (und so manche Mutter) erzählen könnte:

Der Handyplanet

Ich telefoniere heute Abend schon stundenlang mit Mary über komische Dinge. Meine Mutter wirft mir böse Blicke zu, die bedeuten sollen:
„Hör auf zu telefonieren, verdammt noch mal!" Aber ich tue so, als würde ich sie nicht verstehen. Sie wird allmählich aber so sauer, dass sie den Stecker rauszieht. Plötzlich lande ich auf dem Handyplaneten.

Pia, 11 J.

Sie ist auf dem neuen Planeten gelandet, und damit ist ihre ganze Energie verbraucht. Sie lässt ihn nicht vor unseren Augen entstehen. Auch mit Fragen und Anregungen bringe ich sie nicht dazu, sich ihr Leben dort vorzustellen. Ich muss das akzeptieren, auch wenn es mir schwerfällt.
Für sie ist ihre Geschichte zu Ende. Ich will nicht, dass ihre Schreibfreude in Unlust, in Abwehr umschlägt. Das wäre kein guter Antrieb für neue Fantasie, für neue Geschichten, später.

Und was ist aus dem „Geldbaum" geworden? Gibt es ihn nun?
Ich gehe zu Laura.

... und einem fliegenden Schrank

Fantasiereise auf dem Wörterfluss

Der Geldbaum

Es war einmal ein Geldbaum. Er gehörte Frau Herzberg. Viele haben versucht, ihn zu klauen. Aber Frau Herzberg hat eine Alarmanlage. Deswegen hat Frau Herzberg den Baum schon 7 Jahre. Immer wenn Frau Herzberg kein Geld mehr hat, braucht Frau Herzberg nur zum Baum zu gehen. Sie hat jetzt immer Geld und braucht nicht arbeiten gehen. Sie kann 1000-mal in den Urlaub fahren mit ihrer Familie.

Laura, 8 J.

Mit ihrer Familie! Die Lehrerin (natürlich Frau Herzberg) freut sich.
Es gibt noch einen zweiten Geldbaum, einen mit Gebrauchsanweisung.

Der Geldbaum

Der Geldbaum besteht aus Metall, und wenn ich an das Geld ran will, dann halte ich meinen rechten Daumen an den Baum. Der Daumen wird gescannt und dann muss ich noch einen Geheimcode und einen Geldbetrag eingeben. Dann fällt der Betrag in Scheinen hinunter und danach ist der Geldbaum wieder leer. So muss ich nie Angst um mein Geld haben.

Jan, 10 J.

Von Uhrenfischen ...

Fantasiereise auf dem Wörterfluss

Jan ist nicht nur ein Worterfinder.
Immer wieder schwingt der Alltag der Kinder in ihrer Fantasie mit. Beim Telefonieren war es zu spüren, beim Geldbaum, und auch, als Lars von seinem „Ampelfisch" erzählte:
„Er sieht gerade seine Lieblingsserie: Gute Fische, schlechte Fische."
Wem kommt da nicht eine bekannte Dauersoap in den Sinn?
Geschrieben hat Lars dann von einer „Saftampel" in seiner Schule. Wenn man auf den roten Knopf drückt, gibt sie Limo, beim grünen Knopf Eistee und beim orangen Knopf Kakao. („Den drück ich nie", ist sein letzter Satz.)
Warum soll nicht aus Fantasie Wirklichkeit werden und es nun bald eine Saftampel geben in seiner Schule, eine Ampel mit regem Verkehr?

Zwei Alltags-Fantasiegespräche:
Thorge schlägt vor: „Sonnentrompete"
Ich: „Wozu braucht man eine Sonnentrompete?"
Thorge: „Wenn der Hahn nicht gekräht hat."

Maximilian wählt „Wolkenuhr".
Ich: „Wozu brauchen die Wolken eine Uhr?"
Maximilian: „Na, die haben doch auch ihre Termine."
Ich: „Was für Termine?"
Maximilian: „Zum Beispiel Regentermine."

Für uns ist jetzt Vorlesetermin …

Präsentation: Anerkennung erleben

Viele neue Einträge können nun in mein „Wörterbuch der seltsamen Dinge" kommen. Mit A wie Augenauto (Moritz) könnten sie beginnen und mit Z wie Zukunftsfisch (Jacob) enden. Dazwischen F wie Flötenbett (Maika), H wie Handyheizung (Daniel), L wie Liebeswolke (Joanna und Julia), S wie Sonnenknopf (Felix), T wie Tanzuhr (Laura), W wie Wolkenklavier (Frederik) …

… und einem fliegenden Schrank

Fantasiereise auf dem Wörterfluss

Als Erste will Stefanie ihre Erfindung vorstellen. Beim Schreiben hatte sie Glocke und Bonbon auf ihrem Tisch zusammengelegt. Der letzte Satz ihrer Geschichte hieß: „Wenn du das Bonbon lutschst, dann passiert etwas Musikalisches." Für sie war die Geschichte damit zu Ende. Aber mich hatte sie neugierig gemacht. *„Was passiert denn da Musikalisches?"*, wollte ich von ihr wissen. *„Denk dir doch was aus!"* Eine Weile hatte sie in die Luft geguckt, ein bisschen mit ihrem Stift gespielt und dann losgeschrieben. Nun bin ich gespannt, was sie sich ausgedacht hat.

Das Glockenbonbon

Eines Tages ging ich spazieren, und plötzlich sah ich ein Bonbon im Gras liegen, das wie eine Glocke aussah. Als ich das Bonbon aufhob und in meiner Hand drückte, schwebte ein wunderschöner Vogel heraus und sprach zu mir: „Wenn du das Bonbon lutschst, dann passiert etwas Musikalisches, aber was, das musst du selber herausfinden", und er verschwand. Ich ging gleich nach Hause in mein Zimmer und wickelte das Bonbon aus. Ich steckte es in den Mund und lutschte mit voller Neugier. Auf einmal flogen in meinem Kopf ganz schöne Träume herum. Plötzlich brummelte mein Bett, die Buntstifte und Bleistifte tanzten und malten Kringel, Kreise und schöne Muster auf das Papier, und die Lampe spielte Geige. Das ist ja besser als Fernsehen, dachte ich.
O, mein Bonbon ist weggelutscht! Wo kriege ich denn nur neue her? Gibt's die vielleicht im Supermarkt?
  Oder muss ich den wunderschönen Vogel suchen?
  Oder einen Glockenbonbonbaum?

Stefanie, 12 J.

Fantasiereise auf dem Wörterfluss

Jetzt ist es an mir, den Atem anzuhalten vor Staunen. So viel Fantasie hat in Stefanie gesteckt und nur darauf gewartet, aufs Papier zu kommen. Und ich durfte Anregerin sein.

"Spielst du Trompete?", frage ich Tressy, nachdem sie ihre Geschichte vorgelesen hat. „Nein, spiel ich nicht", antwortet sie.
Wir hätten ihr gewiss gern auch zwei Stunden zugehört, nicht nur eine Geschichte lang (siehe S. 143).

Sonnentrompete

Jeden Tag spiele ich Trompete, und die Sonne lacht und tanzt. Die Sonne freut sich jeden Tag. Eines Tages spielte ich Trompete, und dann setzte ich mich auf die Note und flog zur Sonne, und spielte und spielte, bis ich nicht mehr konnte und die Sonne tanzte. Aber dann stellte sich heraus, dass das alles nur zwei Stunden geht.

Tressy, 9 J.

Tressy hat diese Sonnentrompete erfunden. Durch sie ist sie in die Welt gekommen. Wir alle können sie jetzt sehen und hören. Ist das nicht etwas Wunderbares?
Und die Erfinderin? Sie nimmt es ganz selbstverständlich. Auch dafür bin ich da, ihr zu sagen: Ohne dich gäbe es die Sonnentrompete nicht.
Viele schöne Geschichten gibt es in der Welt. Aber mit deiner ist sie noch ein bisschen fröhlicher geworden, und ein bisschen wärmer auch.
Ich sage das Tressy vor allen Kindern, und auch für alle Kinder.

Etwas mehr als eine Stunde haben wir am Wörterfluss gesessen.
Fisch für Fisch ist vorbeigeschwommen. So mancher wurde

... und einem fliegenden Schrank

Fantasiereise auf dem Wörterfluss

aus dem Wasser gezogen, mit seinem Wort auf dem Leib. Einer schimmerte besonders. Frida hat ihn gefangen und seine Geschichte erzählt.

Der Geschichtenfisch

Es war einmal ein Geschichtenfisch, der wohnte in einem Korallenriff mit einem großen Sofa. Der Geschichtenfisch war kein normaler Fisch, denn er war als Beruf Geschichtenerzähler. Seine Schuppen waren über und über mit Mustern bedeckt. Die Muster waren Geschichten, die er alle auswendig konnte.
Am Nachmittag bekam er Besuch. Es war ein kleines Fischmädchen. Der Geschichtenerzähler erzählte ihm eine lange Geschichte, denn es wurde schon dunkel. Da brachte der Geschichtenerzähler das Fischmädchen nach Hause.

Frida, 10 J.

Wir haben seine Geschichte gehört und werfen ihn zurück ins Wasser. Er soll weiterschwimmen und Geschichten erzählen. Vielleicht nimmt er eine von unseren auf seinen Schuppen mit (oder zwei oder drei), und erzählt sie weiter.
Die Kinder gehen wieder in die Schule, mit ihren Fischen und mit ihren Geschichten und mit ihren fantasievollen Erlebnissen.
Mein Ringbuch ist dicker geworden. Und mein Herz voller.

Von Uhrenfischen ...

Fantasiereise auf dem Wörterfluss

Fantasiewörterwerkstatt – Abschließen und weiterführen

Auch wenn von vielen Erwachsenen gerne eine „Fantasielosigkeit" der Kinder beklagt wird – ich kann behaupten: In Kindern steckt viel Fantasie. Aber sie muss herausgefordert werden. Dafür sind auch wir Erwachsenen verantwortlich.

Es ist nicht sehr schwer, die Kinder auf Ideen zu bringen. Schwerer ist es, sie von ihren Ideen zu einer Geschichte zu führen. Am besten gelingt das, wenn wir aufeinander hören. Die Kinder sind für uns so wichtig wie wir für sie. Dieser Satz klingt vielleicht nicht selbstverständlich, aber wenn wir nicht bereit sind, von ihnen zu lernen, werden wir keine guten Lehrer sein.

Den Kindern verdanke ich, dass ich mit großem Vertrauen vor ihnen stehe. Ich bin sicher, sie werden ihre Geschichten schreiben. Mit Worten und Blicken haben sie mir gezeigt, wie ich ihnen dabei helfen kann.

Manchmal brauchen sie eine Ermutigung, manchmal einen Denkanstoß, manchmal müssen wir ihnen nur Ruhe geben. Immer aber brauchen sie unsere Aufmerksamkeit.

... und einem fliegenden Schrank

Überleitung – Drei Märchenwerkstätten

Ich habe keine Brillen für die Kinder, Brillen, durch die sie die Welt rosarot sehen können. Ehrlich, ich will sie auch nicht. Nicht „schönsehen" sollen sie sich die Welt, sondern die Schönheiten der Welt sehen und ihre Poesie empfinden. In Tauperlen Diamanten sehen und doch wissen, es ist Wasser. Diesen poetischen Blick auf alltägliche Dinge möchte ich ihnen öffnen, und ihre Ohren für die Schönheit der Sprache, für ihren Rhythmus, für ihren Klang. Ihre Poesie sollen sie spüren und sie weitertragen in ihren Märchen und märchenhaften Geschichten.

Märchen-Werkstatt 1:

In jedem kann ein Zauber sein

Die Kinder erleben alltägliche Gegenstände
auf märchenanregende Weise.

Sie stellen sich für einen Gegenstand Zauberkraft vor
und die Art, wie sie ausgelöst wird. Sie schreiben ein Märchen,
in dem ihre Vorstellungen anschaulich werden.

Der überraschungs Füller
Es war ein mal ein Junge der lachte nie. Eines
Tages schrieb er mit seinem Füller einen Text. Auf
einmal erzählte der Füller einen Witz nach dem
anb anderen. Plöslich lachte der Klaus.

Florian Sperlich   7 Jahre

In jedem kann ein Zauber sein

In aller Kürze

Material: ein Kreisel, ein Kunststoffapfel, ein kleines Tuch, eine Nuss eine kleine Feder o.a. kleine Gegenstände, eine Dose oder Schachtel für die Gegenstände

Arbeitsschritte:

➲ Das Thema nennen und die Formulierung „in jedem" mit Beispielen aus Märchen anschaulich werden lassen: in jedem Gegenstand, in jeder Pflanze

➲ Hinführung: Die Kinder im Gespräch erkennen lassen, was der Zauber eines Menschen sein kann.

➲ Den Kreisel drehen und beim Zusehen Vorstellungen entwickeln: Welche Zauberkraft kann ausgelöst werden, wenn sich der Kreisel schnell dreht?

➲ Mit anderen Gegenständen die Vorstellungen von Handlung und imaginärer Zauberkraft vertiefen.

➲ Die Aufgabe vermitteln: Ein Märchen erfinden, in dem von der Zauberkraft eines Gegenstandes erzählt wird.

➲ Wovon im Märchen erzählt werden soll: Welcher Gegenstand ist es? Wer hat ihn und woher? Wie wird seine Zauberkraft ausgelöst und was geschieht?

➲ Beim Schreiben auch Varianten ausprobieren lassen.
(z.B.: Es muss nicht ein Gegenstand sein, der Zauberkraft hat.)

➲ Die Kinder beim Vorlesen beobachten und individuell auf sie eingehen.

In jedem kann ein Zauber sein

> Melanie: „Ich brauch noch einen Fantasiebonbon. Der hat mir nicht geholfen." Annika: „Meiner hat! Du hast bloß nicht dran geglaubt."

„Das ist doch Fantasie!", verteidigen Kinder jeden ihrer Einfälle, auch wenn sie ganz und gar unvorstellbar sind. Aber mit Fantasie und Wirklichkeit ist es wie mit Regen und Erde: In der Erde liegt die Saat. Wenn Regen auf sie fällt, wachsen Früchte. Neue Vorstellungen entstehen, wenn Fantasie sich mit der Wirklichkeit verbindet.

Die Wirklichkeit, das sind Äpfel, Federn oder Nüsse. Aber ein Apfel kann auch ein Haus sein und doch ein Apfel bleiben. Ein Stift kann fliegen und reden und bleibt doch ein Stift. So zauberhaft und real kann sie wirken, die Fantasie der Kinder.

Einstimmung: Zauber entdecken

In meiner Hosentasche steckt ein Kreisel. Er ruckt und zuckt, aber er muss noch warten. Er darf seine Runden erst drehen, wenn ich die Kinder zum Thema geführt habe. *„In jedem kann ein Zauber sein."*
Sehr deutlich und nachdrücklich sage ich diesen Satz und lasse noch einmal nachklingen: *„In jedem?"*

Was könnte ich mit „jedem" meinen? Sofort kommen den Kindern Gegenstände aus Märchen in den Sinn: Aladins Wunderlampe, die Pantoffeln vom Kleinen Muck, das Feuerzeug des alten Soldaten, auch der Apfel von Schneewittchen. Bei dem gebe ich zu bedenken: *„Hat der wirklich Zauberkraft?"* Nein, da ist es Gift, erkennen die Kinder,

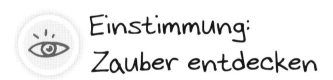

... und einem fliegenden Schrank

 *In jedem kann ein Zauber sein*

und nennen schnell das „Tischlein-deck-dich". Auch auf die Datteln vom Kleinen Muck kommen sie und auf den „Esel-streck-dich".

Gegenstände, Pflanzen und Tiere mit Zauberkraft sind den Kindern eingefallen. Ich will sie auch auf Menschen bringen.

„Worin kann noch ein Zauber sein?", frage ich und schaue von einem Kind zum anderen. Ein Mädchen hat meinen Blick verstanden: *„In Kindern!"*, ruft sie. *„Das stimmt!"*, bestätige ich und warte.
Die Kinder spüren, dass ich noch mehr hören will. Und schon höre ich: *„In jedem Menschen!"* – *„Ja, jeder Mensch hat seinen Zauber"*, vertiefe ich. Ich gebe dem Satz Raum und Klang. Keiner soll ihn überhören.
Und ich freue mich schon auf meine Frage – und auf ihre Antworten.

„Was könnte der Zauber eines Menschen sein?"
Ein Junge ruft: *„Ein Zauberer!"* – *„Nicht Zauberer! Der Zauber eines Menschen!"* betone ich. Ich glaube, noch nie haben die Kinder über den Zauber eines Menschen nachgedacht, noch nie nach einem Wort für diesen Zauber gesucht. Mit meiner Frage bringe ich sie dazu.
„Seine Freundlichkeit.", „Seine Schönheit.", „Seine Fröhlichkeit.", „Sein Lächeln." Alltäglich können die Kinder diesen Zauber spüren, wenn sie ihre Augen, Ohren und ihr Herz öffnen dafür.

Ein Finger streckt sich noch nach oben. *„In jedem kann ein Zauber sein, nämlich eine ganz besondere Begabung"*, sagt ein Junge. Diesen Zauber haben die Kinder. Und auch den Zauber der Gedanken und Ideen.

Anleitung: Vorstellungen wecken

Ein Spiegel, ein Apfel, eine Feder, ein Tuch …
In die Hand nehmen, reiben, rollen, falten, pusten, schwingen – sich hineinfühlen, hineindenken, hineinträumen. Welch ein Zauber kann darin wirken? Aber erst einmal hole ich den Kreisel aus meiner Hosentasche.

Von Uhrenfischen …

In jedem kann ein Zauber sein

Meinen Kreisel – nicht irgendeinen. Meinen Zauberkreisel. Meinen Ideenkreisel. Wenn ich ihn kreiseln lasse, entstehen Vorstellungen in den Köpfen der Kinder, entstehen so geschwind wie der Kreisel sich dreht.
Welche Zauberkräfte kann sein Drehen auslösen?

Drei Wünsche sind nicht genug

Anfangs höre ich immer: Drei Wünsche erfüllen! Aber diese Zauberkraft passt immer, sie hat nichts direkt mit dem Gegenstand und mit der Tätigkeit zu tun.
„Schaut auf den Kreisel!", rufe ich den Kindern zu. „Stellt euch vor, was passiert, wenn er sich dreht! Wenn er sich schnell dreht!" Schon höre ich genauere Vorstellungen. Von allen Seiten. „Ein Sturm kommt auf!", „Ein Orkan!", „Jemanden an einen anderen Ort bringen!"
Noch immer dreht sich der Kreisel, wackelt aber schon ein bisschen. „Jemanden tanzen lassen!", „Verschwinden lassen!", „Sich drehen lassen!" Der Kreisel kippt um. Aber die Gedanken der Kinder sind in Bewegung gekommen. Und die Zauberkraft wirkt weiter.

Sinnliche Anschauung schaffen

Aus einer bunten Dose ziehe ich ein kleines Seidentuch.
„Was muss man damit tun, um seine Zauberkraft zu wecken?"
„Etwas einpacken, und dann kommt was raus, was man sich schon immer gewünscht hat.", „Oder es wird größer. Oder kleiner.", „Hochhalten und fliegen!"
Ein Mädchen hebt die Arme, breitet sie aus. Gleich hebt sie ab und fliegt los, getragen von ihrer Fantasie. „Etwas drunterlegen. Es verwandelt sich, wird zu Gold." – Es muss ein buntes Tuch sein. Wenn man nicht malen kann, ein Zeichenblatt drunterlegen. Dann ist das Bild drauf, das man malen wollte. Bäume und Himmel vielleicht." – „Oder auf einen leeren Krug legen. Der ist dann voll. In der Wüste."

Ich tue so, als legte ich einen Gegenstand in das Tuch, wickle ihn ein.

... und einem fliegenden Schrank

In jedem kann ein Zauber sein

Ich breite das Tuch zwischen meinen Händen aus und lasse es schweben.
Ich schiebe einen unsichtbaren Gegenstand unter das Tuch.
Ich lege das Tuch über die Märchendose.

Eigentlich möchte ich all das die Kinder tun lassen, damit sie nicht nur mit den Augen aufnehmen, was sie in ihren Händen spüren sollten. Aber 25 mit Gegenständen zaubernde Kinder, das gibt einfach zu viel Unruhe, befürchte ich. Und es braucht mehr Zeit, als wir haben.

So versuche ich, alles sehr suggestiv zu tun: den Apfel reiben, die Nuss pressen, mit der Feder über den Arm streichen. Die Kinder lassen sich darauf ein. Sie spüren die glatte Schale des Apfels, den harten Widerstand der Nuss, die Sanftheit der Feder. (Vielleicht macht das mein Zauber?)

Nicht entmutigen lassen

Nicht immer gelingt mir diese Verzauberung. *„Das ist ja alles richtig, aber ihr seid so schrecklich real!"*, stöhnte ich einmal, als eine Klasse mit ihren Vorstellungen immer in der Wirklichkeit blieb.
Es ging um die Zauberkraft des Apfels. Sie schauten auf den Apfel in meiner Hand. Ich rieb ihn am Ärmel. Ich ließ ihn über den Boden rollen. Ich drehte ihn zwischen den Handflächen. Sie schauten zu. Sie überlegten. Aber sie sagten nichts. Ich zeigte und sagte: „Ich beiße in den Apfel ..."
Dieser Satz wirkte. Sie wussten:
„... und man wird gesund", „Er hat viele Vitamine", „Er schmeckt gut" ...
Das war der Moment, in dem mir der Stoßseufzer rausplatzte. Ich war wirklich enttäuscht. Aber meine Augen lachten sie an. Das glaub ich doch nicht, dass ihr keine Fantasie habt, sollten sie ihnen sagen.

Noch einmal biss ich demonstrativ in den Apfel, ließ die Kinder quasi mitbeißen. Eine kleine Pause, der Bissen musste erst rutschen. Aber dann wirkte er: „Ich werde größer", „Ich werde unsichtbar", „Man kann alle besiegen". Und was geschieht, wenn ich den Apfel reibe?
Langsam und mit leichtem Druck ließ ich ihn über meinen Arm gleiten, drehte ihn hin und her. Die Kinder folgten mir mit den Augen,

Von Uhrenfischen ...

In jedem kann ein Zauber sein

mit Gefühl und Gedanken und mit ihren Vorstellungen: *„Da können Wunden heilen", „Oder man wird unverwundbar", „Man wird unsichtbar".*

Als ich die Nuss nahm, war der Bann gänzlich gebrochen.
„Wenn man sie isst, wird man verzaubert.", „Man kann sie knacken. Ich muss versuchen, dass die Hälften ganz bleiben. Ich kann die Nuss essen, das macht nichts. Und dann kann ich in die Schalen was reinlegen. Stein wäre am besten, und er wird Gold oder ein Diamant."
Zum Glück haben die Kinder auch auf meine Augen geachtet, nicht nur auf meine Worte.

Die Kinder bestätigen

Ich war sehr erschrocken über meine spontane Bemerkung, hätten die Kinder sie doch als Tadel empfinden und sich verschließen können.
Dabei ist es mir schon zur Natur geworden, keine Idee eines Kindes zurückzuweisen, mag sie auch scheinbar nicht zum Thema passen. Die Idee ist aus meiner Anregung entstanden, muss also Spuren von ihr zeigen. Ich fühle mich ein, um sie zu finden. Dann helfe ich dem Kind, sie zu sehen. Jetzt kann es ihnen weiter folgen.

Von den Vorstellungen zu Märchen

Viele Gegenstände haben die Kinder genannt und sich Zauberkraft für sie ausgedacht. Nun sollen Märchen daraus entstehen. Ich gebe ihnen Anregungen für den Inhalt:
„Überlegt euch, welchen Gegenstand ihr nehmen wollt. Denkt euch aus, wer ihn besitzt und woher er ihn bekommen hat. Hat er ihn vielleicht gefunden? Oder zum Geburtstag geschenkt bekommen? Stellt euch vor, wie er mit dem Gegenstand zaubert und was dann geschieht …"

Die Kinder müssen nicht alle Fragen beantworten. Sie können schreiben, wie ihre Idee es braucht. Wichtig ist, dass ihr Märchen für uns lebendig wird. Ein Märchen soll ihnen Lust darauf machen:

… und einem fliegenden Schrank

In jedem kann ein Zauber sein

Der Raketenbleistift

Es war einmal ein großer Junge. Er glaubte nicht an Märchen. In seiner Klasse war auch ein kleiner Junge. Er schreibt sehr gerne Märchen. Eines Tages saß der große Junge, er hieß übrigens Klaus, auf einer Parkbank. Neben ihm lag seine Mappe. Auf einmal rumpelte seine Mappe. Der Junge staunte nicht schlecht, als sein Bleistift mit 100 km/h aus seiner Mappe sauste. Er machte einen Bogen und sauste mit 1000 km/h auf Klaus zu. Vor Klaus aber hielt er an und sagte: „Du glaubst an keine Märchen?" „Jetzt ja!", sagte Klaus. Er schrieb am nächsten Tag in ungefähr 12,1 Sekunden ein Märchen.

Hannes, 10 J.

Die Kinder lachen. Sie brauchen keinen Zauberbleistift, um nun auch ein Märchen zu schreiben. Allerdings haben sie mehr als ungefähr 12,1 Sekunden Zeit dafür.

Sie schließen die Augen und werden still.
Sie denken sich Wörter aus, träumen sich in Situationen.
Sie öffnen die Augen und schreiben.

Von Uhrenfischen …

In jedem kann ein Zauber sein

Gestaltung: Varianten ausprobieren

Schnell sind der Apfel, die Feder, die Nuss und die anderen Gegenstände vom Tisch gegriffen. Und was sie nicht greifen können, stellen sie sich vor. Jetzt können sie selber reiben, falten, über den Tisch kullern lassen, über den Arm streichen. Manche tun es tatsächlich mit den Dingen, manche nur in ihrer Vorstellung.
Ich gebe ihnen Zeit, ein Bild in sich entstehen zu lassen. Je detailreicher sie es malen, um so lebendiger werden sie dann auf ihrem Blatt davon erzählen. Bald geht es los. Sie schreiben.
Ich kann von Tisch zu Tisch gehen, kann lesen und mich freuen und manchmal auch einen Rat geben.

Ein Junge nimmt gleich drei Gegenstände: *„Du musst dann eine Idee für alle drei haben"*, rate ich ihm ab. Aber ich nehme sie ihm nicht weg. Soll er's doch probieren!
Thinh hat eine Überschrift geschrieben, aber er schreibt nicht weiter. Fragend schaut er zu mir hoch: *„Kann ich auch einen Löwen nehmen?"*
Er fürchtet, dass es falsch ist, wenn er von einem Löwen schreibt, weil der doch ein Tier ist, kein Gegenstand. Aber ihm ist ein Löwe in den Sinn gekommen, ein Löwe, der fliegen will.

Natürlich darf Thinh den Löwen fliegen lassen. Er muss es sich (und dem Löwen) nur zutrauen und seiner Idee vertrauen. Und das tut er.

Der fliegende Löwe

Es war einmal ein Löwe. Er wollte fliegen. Da flog ein riesiger goldener Adler über ihm. Da fiel eine Feder von ihm auf den Rücken von dem Löwen. Noch an jenem Tag wuchs die Feder und wurde zum Flügel. So entstand der fliegende Löwe.

Thinh, 8 J.

In jedem kann ein Zauber sein

Thinh kann jetzt mit ihm fliegen.

Vor Simone und Sinh liegt ein Apfel. Sie wollen gemeinsam ein Märchen schreiben. „*Dürfen wir?*", fragen sie.
Eigentlich müsste ich jetzt sagen: Ihr dürft, wenn ihr könnt. Aber ich möchte, dass jedes Kind mit seiner Geschichte nach Hause geht. Das sage ich den Mädchen. Ich denke, jedes Kind empfindet dann mehr Freude daran, empfindet es mehr als sein eigenes Werk. Aber ich verbiete es ihnen nicht.
Wird es nun ein Apfelmärchen? Oder werden es zwei?

Nach einer Weile gehe ich wieder an ihren Tisch.
Bei Simone lese ich:

Der Apfel
Es war einmal eine große Dürre. Da kaufte sich ein armes Mädchen einen Apfel. Als es zu Hause ankam, aß es den Apfel. Die Kerne aber aß es nicht. Das Mädchen steckte die Kerne in die trockene Erde ...

Ich sehe auf Sinhs Blatt. Ihre Überschrift lässt mich aufmerken:

Das Mädchen, das sich in einem Apfel versteckte
Es war einmal eine Frau, die war sehr arm, und sie war ganz alt. Sie konnte nicht mal ihre Wohnung aufräumen. An einem Morgen ging sie zu ihrer Freundin. Auf einmal sah sie vor sich einen riesigen Apfelbaum. Auf dem Baum war nur ein einziger Apfel. Der Apfel ...

Bei Simone ein Mädchen, bei Sinh eine Frau. Beide sind arm. Und natürlich haben beide einen Apfel. Welchen Zauber mögen die Mädchen die beiden wohl erleben lassen? Ich bin neugierig. Aber erst einmal lasse ich sie allein. Sie haben sich nicht stören lassen. Ich behalte sie im Blick.
Als Simone ihren Füller zuschraubt, bin ich schnell bei ihr und lese weiter, was mit den Apfelkernen geschehen ist.

90 Von Uhrenfischen ...

In jedem kann ein Zauber sein

Der Apfel

Es war einmal eine große Dürre. Da kaufte sich ein armes Mädchen einen Apfel. Als es zu Hause ankam, aß es den Apfel. Die Kerne aber aß es nicht. Das Mädchen steckte die Kerne in die trockene Erde. Daraus wuchs ein prächtiger Apfelbaum. Auf einmal kamen viele Leute aus ihren Häusern. Sie griffen nach den Äpfeln und aßen sie. Dort, wo sie die Äpfel vom Baum gepflückt hatten, wuchsen sofort neue Äpfel.

Simone, 11 J.

Auf Sinhs Märchen muss ich länger warten. Aber dann schaut auch sie von ihrem Blatt auf, zufrieden, wenn ich ihren Gesichtsausdruck richtig deute. Nachdem ich gelesen habe, bin ich mir sicher.

Das Mädchen, das sich in einem Apfel versteckte

Es war einmal eine Frau, die war sehr arm, und sie war ganz alt. Sie konnte nicht mal ihre Wohnung aufräumen. An einem Morgen ging sie zu ihrer Freundin. Auf einmal sah sie vor sich einen riesigen Apfelbaum. Auf dem Baum war nur ein einziger Apfel. Der Apfel schrie: „Hol mich hier runter!" Die Alte nahm einen Stein und warf so doll wie möglich. Da traf sie auf einmal den Apfel. Der Apfel fiel auf ihren Kopf. Sie hatte eine Beule. Sie nahm den Apfel mit nach Hause. Es war ein Wunderapfel.

In jedem kann ein Zauber sein

> Immer, wenn sie arbeiten gehen musste, kam das Mädchen raus und räumte die Wohnung auf und kochte. Jedes Mal, wenn die Frau nach Hause kam, dann war ihre Wohnung aufgeräumt und war auch schon gekocht. An einem Tag ging die Frau früher nach Hause. Da sah sie ein Mädchen, das für sie aufräumte und kochte. Die Frau rannte zum Apfel und schmiss ihn weg. Das Mädchen wusste nun nicht, wo es sich verstecken soll. Ab da ist es das Kind von der alten Frau geworden.
>
> **Sinh, 11 J.**

Wie gut, dass jedes Mädchen ein eigenes Märchen geschrieben hat. Jedes kann stolz darauf sein. Und vielleicht freut jedes sich auch über das der Freundin. Ganz bestimmt, denke ich.

Auch Steffi hat es der Apfel angetan. Bei ihr kann man lesen:

> Der Riesenapfel
>
> Es war einmal ein ganz normaler Apfel. Der wurde von einer Prinzessin gekauft. Als sie ihn gerieben hatte, wurde er riesengroß. Sie konnte darin wohnen, wenn sie mit einem Stift drauf malte ...

Von Uhrenfischen ...

In jedem kann ein Zauber sein

„Ja, was passiert denn, wenn sie mit einem Stift drauf malt? Wieso kann sie dann darin wohnen?", will ich von ihr wissen.
Ich weiß, in ihrem Kopf hat sie Vorstellungen. Aber die müssen aufs Papier.
„Na, sie malt Tür und Fenster drauf und kann dann reingehen."
Sehr deutlich höre ich in Steffis Stimme: Das können Sie sich doch selber denken! Kann ich. Aber ich will es hören. Und lesen.
Als letzten Satz lese ich: Die Prinzessin fühlte sich wohl und lebte glücklich. Und wenn sie nicht gestorben ist, dann lebt sie noch heute.
So enden viele Märchen. Aber es ist doch ihr Märchen, gebe ich Steffi zu bedenken. „Vielleicht ist der Apfel weggekullert? Oder verfault?"
„Oder verschimmelt!", wirft ihre Nachbarin ein.
„Der kullert nicht weg. Der bleibt immer an genau der Stelle.
Und verschimmeln tut er auch nicht!"
Mit Nachdruck sagt Steffi das, so als haute sie auf den Tisch dabei. Ich habe es doch gewusst: Sie hat genaue Vorstellungen. Zum Schluss klingt ihre Geschichte so:

Der Riesenapfel

Es war einmal ein ganz normaler Apfel. Der wurde von einer Prinzessin gekauft. Als sie ihn gerieben hatte, wurde er riesengroß. Sie konnte darin wohnen, wenn sie mit einem Stift darüber fuhr und Tür und Fenster drauf malte. Die Prinzessin fühlte sich wohl und lebte glücklich. Der Apfel bleibt immer an der Stelle und verfault nicht.

Steffi, 11 J.

Ich mache ihr noch den Unterschied zwischen „verfault nicht" und „verfault nie" deutlich. Ich hätte gern gelesen, dass sie sich für nie entscheidet. Aber Steffi will nicht, und sie ist die Autorin.

... und einem fliegenden Schrank

In jedem kann ein Zauber sein

Hai hält mir sein Blatt vors Gesicht, ich soll es (oder ihn?) nicht übersehen. Ich lese die Überschrift, den ersten Satz, den zweiten. Ich stutze, lese den dritten Satz. Denke mich hinein und erkenne: Er hat einen inneren Monolog geschrieben. Toll, kein Kind vor ihm ist auf diese Form gekommen.
Kleiner Hai ganz groß.

Das Zauberhaar

Haku war ein Einzelgänger. Oh nein, ich hab mich verlaufen. Oh, ein Haar. Ich heb es mal auf. Ich puste mal. Oho, was passiert denn jetzt?
Wo bin ich? Und warum bin ich ein Fisch? Die Fische können ja mit mir reden. Komisch. Hi Haku! Zum Glück kann ich unter Wasser atmen.
Haku, wollen wir spielen? Ja, natürlich.
Am nächsten Morgen. Wieso bin ich wieder zu Hause? Zum Glück!

Hai, 8 J.

Ich sehe den Fisch, der auf Haku zuschwimmt und mit ihm spielen will. Mit Worten beschrieben hat Hai das nicht, aber ich kann es „lesen". Seine Sätze haben meine Fantasie angeregt.

Der Zauber des Schreibens hat gewirkt: Was sie sich eben noch vorgestellt haben, ist nun als Märchen auf ihrem Blatt zu lesen.
Gleich werden wir den Zauber des Zuhörens erleben: Ihre Sätze werden wieder zu Vorstellungen.

Von Uhrenfischen ...

In jedem kann ein Zauber sein

Präsentation:
Feinfühlig reagieren

Die Märchen der Kinder sind ein zauberhaftes Spiel ihrer Fantasie, aber ich kann auch ihre Wünsche, Ängste und Träume darin spüren.
Manchmal schreiben sie direkt davon, manchmal höre ich sie erst im Beiklang, im Nachklang ihrer Sätze. Was mag wohl ein „Überraschungsfüller" schreiben? Wünsche, die in Erfüllung gehen?

Florian hat es sich ausgedacht und zappelt schon ungeduldig, um sein Märchen vorzulesen. Ich lasse ihn nicht lange warten.

Der Überraschungsfüller

Es war einmal ein Junge, der lachte nie. Eines Tages schrieb er mit seinem Füller einen Text. Auf einmal erzählte der Füller einen Witz nach dem anderen. Plötzlich lachte der Klaus.

Florian, 7 J.

Nicht nur Klaus lacht zum Schluss, auch Florian, und sie wirken ansteckend. Michelle wünscht sich keinen Überraschungsfüller. Ihr würde schon ein Zauberbuchstabe helfen.

... und einem fliegenden Schrank

In jedem kann ein Zauber sein

Der Zauberbuchstabe

Es war einmal ein Buchstabe. Diesen Buchstaben hat ein Kind besonders gerne geschrieben. Dieses Kind hieß Michelle. Darum hieß der Buchstabe M. Der Buchstabe konnte Michelle helfen, wenn sie Probleme hat. Wenn ihr ein Wort nicht einfällt, wo ein M vorkommt, nimmt sie ihren Zauberbuchstaben. Und wenn sie ihn nicht benutzt, macht sie ihn in ihre Zauberkiste.

Michelle, 9 J.

Sofort werden M-Wörter gesucht. „*Mama!*", ist das erste. „*Marmelade!*", kommt hinzu. Jemand ruft: „*Monster!*", „*Murmel passt auch!*", „*Maus ist gut!*" Natürlich auch: „*Märchen!*" Vielleicht können wir es bald lesen, das „Mamamarmeladenmonstermurmelmausmärchen."

Es muss ja nicht unbedingt von Michelle geschrieben werden, die anderen Kinder haben auch Ideen.

Von einem Zauberlöffel hören wir, der Wasser in eine Linsensuppe mit viel Fleisch verwandelt, von einem Zauberradiergummi, der alle falschen Wörter wegradiert und einem Füller, der sie richtig schreibt.
Alle diese Märchen könnten in dem Buch stehen, von dem Antonia erzählt. Aber Vorsicht beim Öffnen!

Von Uhrenfischen ...

In jedem kann ein Zauber sein

Das Zauberbuch

Es war einmal ein kleines Mädchen, das lief durch den Wald. Als es so spazieren ging, sah es am Rand des Waldes etwas blinken. Erst ignorierte sie das Blinken im Gras, aber dann packte sie doch die Neugier, und sie lief zu dem Blinken. Das Mädchen Mia, so hieß es, entdeckte ein Buch mit goldenem Rand. Als sie das Buch in die Hand nahm, war sie wie hypnotisiert. Sie musste einfach wie aus dem Nichts niesen, denn auf dem Buch lag so viel Staub, als ob es schon tausend Jahre da gelegen hätte. Hatte Mia es nur noch nie bemerkt oder hatte es jemand dort vergessen? Aber wie und woher kam der Staub? Sie schlug das Buch auf und – wurde in das Buch hineingezogen. Und was mit ihr geschah, das weiß kein Mensch, ich auch nicht.

Antonia, 10 J.

Wieder einmal muss ich staunen: So eine schöne Geschichte hat Antonia geschrieben und hatte doch so wenig Zeit, auf die Idee zu kommen.

Ich frage mich (wie so manches Mal), ob mir gelingen würde, was ich so selbstverständlich von den Kindern erwarte. Ihnen gelingt es, denn sie schreiben einfach drauflos. Sie sind aufgeregt dabei und freuen sich an dem, was auf ihrem Blatt geschieht – alles ganz unbefangen.

Cynthia hat Zauberkraft in eine Feder gedacht. Vielleicht hätte die dann das Märchen für sie schreiben können. Aber Cynthia wünscht sich eine andere Magie für sie.

... und einem fliegenden Schrank

In jedem kann ein Zauber sein

Eine Zauberfeder

Es war einmal ein Junge. Er hatte wenig Freunde. Eines schönen Tages ging er raus. Plötzlich ging ein Junge auf ihn zu. Er wollte ihn boxen. Aber der kleine Junge ließ eine Feder fallen. Und der große Junge sagte: „Hä, wieso will ich nicht mehr boxen?" Der kleine sagte: „Weil ich meine Feder fallen lasse, geht die Wut zurück. Weil es schön aussieht, wenn sie fällt." Und er hatte fünf neue Freunde, weil er so nett zu dem war, der Wut im Bauch hatte.

Cynthia, 9 J.

Ein Junge will etwas zu dem Märchen sagen. *„Ich kenn das!"*, fängt er an und erzählt von einem großen Jungen, dem er immer aus dem Weg gehen möchte. Jetzt will ein Mädchen erzählen, ein zweites. Ein reges Hofpausen-Erlebnisgespräch hätte es werden können. Viele Federn hätte ich bereithalten müssen. Aber manchmal hilft es schon, an eine Zauberfeder zu denken.

Auf die Gefühle der Kinder achten

Nun ist Undral an der Reihe, ihr Märchen vorzulesen. Sie lächelt schüchtern und schüttelt den Kopf. Deutlich zeigt sie, dass sie nicht vorlesen möchte. Doch die Kinder fordern: *„Du bist dran, Undral! Vorlesen! Vorlesen!"*

Noch ehe ich ihr beistehen kann, fordert auch die Lehrerin mit Nachdruck: *„Jetzt du, Undral!"* Undral ist brav, sie liest vor:

Von Uhrenfischen ...

In jedem kann ein Zauber sein

Die Zauberpatrone

Es war einmal ein Mann. Er wollte eine Post an seine Frau schicken. Er hatte nichts außer eine Tintenpatrone. Eines Tages sagte er zu der Patrone: „Ach, hätte ich doch nur ein Blatt." Als der Tag vergangen war, kam auf einmal ein Blatt angeflogen und die Patrone war ein Stift. Nun schrieb der Mann eine Post an seine Frau und war glücklich. Jetzt weiß er, dass die Patrone eine Zauberpatrone war, und er wünschte sich, dass die Frau bei ihm ist. Er war noch glücklicher als vorher, und die beiden leben zusammen.

Undral, 7 J.

Schon bei den ersten Sätzen beginnt sie, still zu weinen, doch sie liest tapfer weiter. Wenn ich eine Bestätigung für meine Einstellung gebraucht hätte, dass kein Kind vorlesen muss, sie hätte nicht eindrücklicher sein können. Es war Undral anzusehen, dass sie nicht einfach keine Lust hatte und dass sie auch nicht einfach ein bisschen gebeten werden wollte.
Sie hat ein Gefühl aufgeschrieben, aber preisgeben wollte sie es nicht. Das war zu spüren.

Sarah muss nicht aufgefordert werden. Sie hält schon ihren Zettel bereit.

Die Zauberfigur

Es war einmal eine Familie. Sie waren sehr reich. Sie hatten eine hübsche Tochter, sie hieß Theresa. Theresa war ein liebes Mädchen. Eines Tages schenkten ihr ihre Eltern eine Figur.

 In jedem kann ein Zauber sein

> Die Figur hatte Ähnlichkeit mit Theresa. Theresa war sehr traurig, weil ihre Eltern ihr sagten, dass sie sich scheiden lassen wollen. Sie ging weinend ins Zimmer. Sie nahm die Figur und wünschte sich von ganzem Herzen, dass ihre Eltern sich gegenseitig einen neuen Anfang geben könnten. Dann schlief sie ein. Die Figur verwandelte sich in eine hübsche Dame mit einer Tüte in der Hand. Sie ging ins Schlafzimmer von den Eltern. Sie nahm Pulver aus der Tüte und stäubte es auf die Eltern. Dann verwandelte sie sich wieder in die Figur. Theresa wurde wieder wach und ging zu den Eltern ins Schlafzimmer. Mit geheimnisvoller Stimme sagten die Eltern: „Theresa, komm näher, ich und dein Vater wollen dir was sagen. Wir haben uns entschieden, zusammenzubleiben." Theresa jubelte und sprang durch die ganze Wohnung.
>
> **Sarah, 11 J.**

Ich kann mit Sarah fühlen, als sei sie Theresa. Aber ich stelle ihr keine Fragen. Sie könnten eine Traurigkeit in ihr aufreißen, wenn ich benenne, was in ihren Worten mitschwingt – oder vielleicht mitschwingt. Ihre Stimme hat nichts verraten. Im Märchen kann Theresa ihren Eltern helfen, kann ihnen einen neuen Anfang geben. Das aufgeschrieben zu haben, könnte auch Sarah schon Hilfe sein.
Feder, Nuss, Apfel und Tuch liegen noch auf dem Tisch.
Ihre Märchen haben die Kinder mitgenommen. Ich schiebe die Tische und Stühle wieder zurecht und stecke die Zaubergegenstände in die bunte Dose, mit meinen Gedanken immer noch bei den Kindern.

 Von Uhrenfischen ...

Märchen-Werkstatt 2:

Multikulturelle Märchen verbinden

Die Kinder genießen die Poesie
der Märchensprache.
Sie fühlen sich in Märchensätze ein
und verbinden fantasievoll einen Märchenanfang
durch ein eigenes Märchen mit einem Märchenende.

Es war einmal und auch nicht irgendwo
auf der weiten Welt ooo
(Ungarn)

Hinter 7 Bergen und 7 Wäldern, wo
das Wasser Tropfen streute ooo (Slowakei)

Im siebenundsiebzigsten engelländischen
Land wuchs einmal ooo
(Slowakei)

Eines Nachts, es war zur Zeit des
Blumenmondes ooo
(Nordamerika)

Niemand könnte erzählen ooo, (Ägypten)

ooo Sie haben ihr Glück gemacht,
nun macht ihr das eure. (Armenien)

ooo Da blitzte die silberne Sichel des
Mondes, da flimmerten die Sterne. (Ungarn)

ooo Drei Äpfel fielen vom Baum: einer
für den Erzähler, einer für den Zuhörer
und einer für den, der die Geschichte
verstanden hat. (Armenien)

ooo Da kugelten sie sich vor Lachen
und hielten ihre Bäuche. (China)

ooo Nun, da du mein Geheimnis belauscht
hast, ist der Zauber zerstört und ich
muss dich verlassen. (Ungarn)

Multikulturelle Märchen

In aller Kürze

Material: Anfangs- und Schlusssätze von Märchen aus verschiedenen Ländern, einzeln auf farbigem Tonkarton, alle Sätze auf einem Blatt, das Blatt als Kopie für jedes Kind (siehe Deckblatt S. 101), kleine Gegenstände zur Fantasieanregung (Glöckchen, Muscheln, Federn u.a.)

Arbeitsschritte:

➲ Die Anfangssätze vorlesen und ihre Poesie wirken lassen.

➲ Die Anfangssätze Satz für Satz vorlesen und von den Kindern märchenhaft weiterführen lassen.

➲ Die Schlusssätze stimmungsvoll vorlesen.

➲ Die Schreibaufgabe stellen: Einen Anfangssatz für ein eigenes Märchen aussuchen und das bis zu einem der Schlusssätze schreiben.

➲ Kleine Gegenstände zur Fantasieanregung anbieten.

➲ Beim Schreiben den Kindern durch einfühlsame Ratschläge helfen, bildhafte Wörter zu finden.

➲ Die Kinder ermutigen, die Schlusssätze abzuwandeln oder neue zu erfinden, wenn es für ihr Märchen nötig ist.

➲ Die Präsentation als Autorenlesung gestalten.

Variante: Zur Einstimmung können die Kinder mit einer Klangschale oder mit einem Regenstock verzaubert werden.

Tipp: Die Kinder lesen ihre Märchen Kindern einer anderen Klasse vor.

Multikulturelle Märchen

„Sei immer mit Glück bestreut."

Duc, 10 Jahre

„*Es war einmal ...*"
Meist fangen Kinder mit diesem Satz an, wenn sie ihre Märchen erzählen oder schreiben wollen (oder sollen), und nicht selten höre ich zum Schluss „*Und wenn sie nicht gestorben sind, ...*"

Mir tut dieses Ende dann richtig weh, für die Kinder und für das Märchen. Weh für das Märchen, weil es ihm einfach nur angehängt wurde, nicht mit ihm lebt. Weh für die Kinder, weil sie sich mit dem traditionellen Satz begnügen.
Natürlich sind sie da nicht so empfindsam wie ich. Sie sind froh, einen Abschluss geschrieben zu haben. Aber in der Sprache geht es nicht nur um genau oder ungenau, da geht es auch um Fantasie und Poesie. Sie schwingen in der Märchensprache mit, müssen nur gehört und erfüllt werden. Ich will sie den Kindern so nahebringen, dass sie ihren Zauber genießen und auch in ihren Sätzen ausdrücken können.

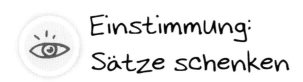

Einstimmung: Sätze schenken

Zur Vorbereitung habe ich eine Lesereise in ferne Länder gemacht und kleine Kostbarkeiten mitgebracht: poetische Anfangs- und Schlusssätze aus Märchen, die ich den Kindern schenken will.

Wenn man mit Liebe schenken will, kann man das schon mit der Verpackung zeigen. So habe ich es mit den Sätzen gemacht. Ich habe sie mit kleinen Verzierungen auf zart-farbige Kartonstreifen geschrieben.
Eine Augenfreude sollen die Sätze sein – und eine Ohren-

... und einem fliegenden Schrank

Multikulturelle Märchen

freude beim Vorlesen. Ich lasse mir Zeit, genieße jedes Wort beim Sprechen. Die Sätze sollen nachklingen und den Kindern Ruhe geben, ihre Schwingungen aufzunehmen.

„Im siebenundsiebzigsten engelländischen Land wuchs einmal ..." (Slowakei)
„Es war einmal, und auch nicht irgendwo auf der weiten Welt ..." (Ungarn)
„Hinter 7 Bergen und 7 Wäldern, wo das Wasser Tropfen streute, ..." (Slowakei)
„Eines Nachts, es war zur Zeit des Blumenmondes, ..." (Nordamerika)
„Niemand könnte erzählen ..." (Ägypten)

Die Kinder hören aufmerksam zu. Die Sätze tun auch ihnen wohl, spüre ich. Eine Atmosphäre entsteht, die es mir leicht macht, sie in eine Märchenwelt zu versetzen. Kein Flugzeug brauchen wir, kein Auto, keine Siebenmeilenstiefel. Der Rhythmus der Sätze nimmt uns mit und ihre Poesie.

Anleitung: Poesie erspüren

Die erste Reise kann beginnen. Ich führe die Kinder in ein Märchenland.
„Hinter 7 Bergen und 7 Wäldern, wo das Wasser Tropfen streute, ..."

Kaum ist das letzte Wort verklungen, erzählen die Kinder von diesem Land. Zehn Ohren statt zwei bräuchte ich, alles aufzunehmen. Aber ich bin ja trainiert.

„... *lag eine Welt, wo noch keiner war*", höre ich.
„... *ist das Geheimlager der sieben Zwerge.*"
„... *wuchsen viele Blumen.*"
„... *rauscht ein Wasserfall.*"
„... *war eine Zauberquelle.*"

Noch mehr Vorstellungen wollen sie sagen, doch ich breche ab.
„Merkt euch eure Ideen fürs Schreiben!", rate ich ihnen.
Ich will weiterreisen mit ihnen.

Von Uhrenfischen ...

Multikulturelle Märchen

„Im siebenundsiebzigsten engelländischen Land wuchs einmal ...“
Wieder schwingt mein Satz noch im Raum, da wissen die Kinder schon,
wie er weitergehen könnte:

„... ein Siebenblatt.“
„... eine Wunderblume.“
„... ein wunderbares Paradies.“
„Was macht ihr denn für sensible Sachen!“, ruft ein Junge dazwischen und
setzt prompt fort:
„... der Kater von Jon, der fett, faul und philosophisch ist, namens Garfield.“
Die Adjektive trompetet er förmlich heraus und schaut sich dann triumphierend um. Natürlich erntet er Heiterkeit.

In ein Märchenland entführen uns die Sätze, und auch in eine Märchenzeit.
„Eines Nachts, es war zur Zeit des Blumenmondes, ...“

„... kam eine Fee auf die Welt.“
„... im wunderschönen Land Fantasien ...“
„... blühten die wunderschönsten Blumen auf.“
„... ritt ein Prinz auf einem schwarzen Pferd.“

Und was geschah dann? Sie werden es in ihren Märchen erzählen.
Oder vielleicht den nächsten Satz wählen. Wie eine Herausforderung wirkt
er: *„Niemand könnte erzählen ...“*

„... wo der Schatz vergraben ist, außer ich.“
„... wieso das Weltall kein Ende hat.“

Als ich höre, wie lebhaft die Kinder meinen Satz weiterführen, sehe ich einen Skispringer vor mir. Er gleitet die Schanze hinunter, hebt ab und fliegt
seine Bahn. So hat der Satz die Kinder in Schwung gebracht und lässt ihre
Gedanken fliegen.
*„... was die Höchstgeschwindigkeit einer hochasiatischen Hochseeschwalbe
ist.“* (Natürlich kam dieser Satz von dem Jungen, der uns schon mit dem
Kater Garfield zu Lachen gebracht hatte.)
„... wie schön es hier ist.“ (Ich sage leise „Danke“.)
„... was ich euch jetzt erzähle.“

Die Kinder fühlen sich ein in die Sätze, nehmen ihre Stimmung
auf.

... und einem fliegenden Schrank

Multikulturelle Märchen

Wie sie dann nach Bildern und Worten suchen in sich und sich freuen daran, das ist wie ein Geschenk für mich.
Nun lese ich die Märchenabschlüsse vor. Wieder bin ich darauf bedacht, jede Formulierung fühlen und sehen zu lassen.

„... Da kugelten sie sich vor Lachen und hielten ihre Bäuche." (China)
„... Nun, da du mein Geheimnis belauscht hast, ist der Zauber zerstört und ich muss dich verlassen." (Ungarn)
„... Sie haben ihr Glück gemacht, nun macht auch ihr das eure." (Armenien)
„... Da blitzte die silberne Sichel des Mondes, da flimmerten die Sterne." (Ungarn)
„... Drei Äpfel fielen vom Baum: einer für den Erzähler, einer für den Zuhörer und einer für den, der die Geschichte verstanden hat." (Armenien)

Welcher Satz wird sie neugierig machen, welcher sie anregen?
Jeder kann seinen finden. Einen für den Anfang, einen für das Ende.
Die Kinder sind bereit. Es fehlt nur noch die Aufgabe.

Einen Anfangssatz für ein eigenes Märchen sollen sie sich aussuchen und das bis zu einem der Schlusssätze schreiben.

Jedes Kind bekommt ein Blatt mit den kopierten Sätzen. Für alle Kartonstreifen zu gestalten, wäre zu zeitaufwändig. Aber sie sollen die Märchensätze vor Augen haben, sollen sie noch einmal schmecken können, abschmecken für ihr eigenes Märchen.

Kleine Gegenstände als Fantasieanreger

Ich lege einige Dinge bereit (Märchendinge nenne ich sie für mich): ein goldenes Glöckchen, eine rote Stoffrose, einen kleinen Holzapfel, eine Nuss, eine weiche Vogelfeder (braun-weiß getupft), eine bunte Glaskugel, einen filigranen Stern, eine Muschel, einen kurzen Glaskolben.
Ein Glöckchen klingen lassen, eine Muschel aufklappen, eine rote Rose pflücken, diese Handlungen können weiterführen im Märchengeschehen.
   „Was ist das?"

Von Uhrenfischen ...

Multikulturelle Märchen

Ein Junge hat den seltsamen Kolben in die Hand genommen. Er berührt die Kugel an dem einen Ende, er erfühlt die zu einem Öhr gebogene Spitze am anderen. Sein Nachbar nimmt ihm das Ding aus der Hand, dreht es sacht hin und her. Farben schimmern auf, schillernd wie Öl auf einer Wasserlache.
„Ein Regenbogen!", staunt er.
Von Hand zu Hand geht nun das kleine Wunder.

„Was könnte es sein?", frage ich nach ihren Vorstellungen.
„Das Zepter einer Königin."
„Das Horn von einem Einhorn."
„Ein Regenbogenkristall."
„Ein Zauberstab."
„Das Schwert eines Zwerges."
„Eine Träne vom Mond."

So viele Vorstellungen, inspiriert von einem Tannenbaumschmuck für 70 Cent!

Rahmen sprengen lassen

„Müssen wir die Sätze nehmen?" Befürchtung, vielleicht auch Abwehr, klingt in der Frage mit. Ich denke, sie ist in vielen Köpfen.

Einen der Anfangssätze, ja. Und möglichst auch einen der Schlusssätze. Aber er darf abgewandelt werden. Und wenn keiner, gar keiner der vorgegebenen zum eigenen Ende passt, dann darf auch ein neuer erfunden werden, dann muss ein neuer erfunden werden. Ich höre ein Aufatmen.

Anfangs hatte ich Bedenken: Beim ersten Satz schon den letzten im Sinn zu haben, quasi auf ihn zuzuschreiben, ist eine schwierige Aufgabe.
Aber ich wollte den Kindern etwas zutrauen, wollte sie herausfordern.
Sie überraschten mich, denn sie schrieben einfach drauflos, wenn sie ihren Anfang gefunden hatten. Der Endsatz ergab sich dann, vorgegeben oder selbst formuliert. Jetzt bin ich nicht mehr bange, ich freue mich schon auf ihre Märchen. Ich weiß ja: Sie werden schreiben.

... und einem fliegenden Schrank

Multikulturelle Märchen

Gestaltung: Wortgefühl entwickeln

Eigentlich sollten die Kinder zügig mit dem Schreiben beginnen. Aber nur einige greifen sofort zum Füller. Natürlich sind die meine Freude. Aber auch die anderen machen mich froh, als ich sie flüstern höre.
„Als das Wasser Tropfen streute", „Da funkelten die Sterne", „Hinter sieben Bergen und sieben Wäldern", lesen sie einander vor und genießen die schönen Sätze. Bald haben auch sie ihren Füller in der Hand.
Ich gehe von Tisch zu Tisch, erst mit Blicken, dann mit den Füßen.

Ein Mädchen hat sich sofort die kleine Feder genommen. Nun sehe ich, wie sie den braun-weißen Flaum ein wenig hilflos hin und her dreht.
„Ich weiß nicht, was ich mit der Feder machen soll", stöhnt sie.
„Du musst nicht unbedingt über sie schreiben", versuche ich, ihr den Druck zu nehmen. „Aber ich will!", erwidert sie fast trotzig.

Auf ihrem Blatt lese ich: „Niemand könnte erzählen …"
Feder und Satz bringen mich auf einen Einfall. Langsam nehme ich die Feder, halte sie eine Weile hoch, lasse sie los und sage leise: *„Niemand könnte erzählen …"* Ich sehe, wie sie ihre Gedanken mit der Feder schweben lässt. Was für ein Märchen wird daraus entstehen?

Ein anderes Blatt zieht meine Blicke an. Einen Baum mit breitem Stamm und einer dicken Wolke aus Laub habe ich entdeckt. Im Laub sechs Äpfel, um drei Äpfel Sonnenstrahlen.

Über dem Baum lese ich:

Es war einmal, und auch nicht irgendwo auf der weiten Welt, sondern an einem besonderen Ort auf der Welt, wo ein Apfelbaum war mit drei besonderen Äpfeln, die einen Zauber besaßen …

Und unter der Zeichnung:

… und nie gefunden wurden.

Malina, 10 J.

Prima, sie wurden nie gefunden – und Schluss. Wirklich nie? Will sich niemand auf die Suche machen? Der Satz wirkt nach.

Malina zeichnet schon auf einem zweiten Blatt. *„Hinter 7 Bergen und 7 Wäldern, wo das Wasser Tropfen regnete…"*, steht darauf.
Schön, sie lässt die Tropfen nicht streuen, sondern regnen. Streuen klingt zwar poetischer, aber ich freue mich, dass sie geschrieben hat, wie es in ihrem Kopf weiterklang. Ein Haus hat Malina bereits gezeichnet. Sie lässt sich nicht stören. Ihr Stift will erzählen.

Zum Wort führen statt korrigieren

In Lindas Märchen hat sich ein kleines Mädchen im tiefen Wald verirrt. Sie findet eine Nuss. „Sie hat die Nuss aufgehoben und versucht, sie aufzumachen", lese ich.
An dem letzten Wort stoße ich mich, nicht zum ersten Mal. Immer wieder „machen" die Kinder, und alles ist cool. (Wichtige Anmerkung: Erwachsene sind auch nicht immer einfallsreicher. Beispiel: Alles ist lecker, egal ob es scharf, süß, würzig oder hmmm! schmeckt.)

Ich korrigiere die Wortwahl nicht, denn das würde nur kurzfristig helfen. Die Wörter ruhen in uns, sie müssen nur geweckt werden. Und wir müssen wach bleiben für sie. Ich lasse die Kinder auf Wörter kommen und lobe dann. Das wirkt nach.

„Sie aufzumachen?", wiederhole ich Lindas Wort. Ich sage es nicht so, als wollte ich es verdammen. Ich will es sie nur bewusst hören lassen.
„Wie würdest du denn eine Nuss aufmachen, die du im Wald gefunden hast?", frage ich.
„Ich würde sie auftreten", antwortet sie und stampft dabei kräftig auf den Boden. In ihrer Stimme schwingt die Kraft zum Treten mit.
„Ich würde sie mit einem Stein aufklopfen", sage ich.

Schon haben wir zwei konkrete, sinnliche Wörter für ihr „machen". Welches wird sie nehmen? Oder kommt sie vielleicht noch auf ein drittes?

Linda hat sich entschieden:

Multikulturelle Märchen

Es war einmal, und auch nicht irgendwo auf der weiten Welt, ein kleines Mädchen. Es ging im tiefen Wald mit seiner Freundin spielen. Sie spielten Verstecken. Auf einmal hat sich das Mädchen verirrt. Da hat sie eine Nuss gesehen. Die Nuss glänzte wie der Mond. Sie hat die Nuss aufgehoben und versucht, sie aufzutreten. Aber sie hat es nicht geschafft. Sie hat sie weggeworfen, weil sie sie nicht aufgekriegt hat. Auf einmal sprang die Nuss von alleine auf. Da kam eine Fee raus. Sie sagte zu dem Mädchen: „Wünsche dir was, ich erfülle dir deinen Wunsch." „Ich wünsche mir, dass ich wieder bei meiner Freundin bin." Und plötzlich war sie wieder bei ihrer Freundin. Sie kugelten sich vor Lachen und hielten ihre Bäuche.

Linda, 10 J.

Linda lässt die Nuss aufspringen. Richtig formuliert wäre auch: „Die Nuss ging auf." Klingt aber langweilig. Aufspringen wirkt viel lebhafter. Ich freue mich, dass sie diese Vorstellung in sich geweckt hat.

Wörter können eine Freude sein. Wörtersucher auch. Einen „Magier des Mondes" und einen „Adler des Wassers", einen „Flammenball" und ein „Todesschwert" hat Huy in sein Märchen geschrieben. „Prima!", sage ich. Huy strahlt. Seine Begeisterung gilt wohl mehr den vorgestellten Rittertaten als seinen gefundenen Wörtern. Aber dass ich sie lobe, lässt ihn doch die Brust recken. Annas „Glücksfrosch" lässt mich schmunzeln. Er „quakte sein Zauberlied, bis das Wasser Tropfen streute".

In Sebastians Märchen vom „immergrauen Apfelbaum" entdecke ich: „Und obwohl der Baum schon seit unzählbarer Zeit grau war, ..." Auch solch eine Formulierung lässt mein Herz klopfen.

Von Uhrenfischen ...

Multikulturelle Märchen

Sebastian schreibt „unzählbar", Roxana weiß die Zahl genau:
„Sie weinte sieben Tage, sieben Stunden und sieben Sekunden."
Sieben. Fürs Märchen will sie eine Märchenzahl.

Die „Regenbogenkristallprinzessin" ist es, die da weint.
Bewundernd spreche ich vor mich hin: *„Regen-bogen-kristall-prinzessin."*
Ich lasse die Wörter schwingen dabei. Da staunt auch Roxana über ihr
Wort. Der gläserne Tannenbaumschmuck kommt mir in den Sinn.
Hat er Roxana verzaubert? Wird der Prinzessin ihr weinen helfen?
Ich frage Roxana nicht, sie erfindet weiter.

„Geschichtenerzähler" lese ich in Annalenas Märchen. Das Wort hält mich
fest. Ich lese den Anfang. „Eines Nachts, es war zur Zeit des Blumenmon-
des, flog ein Blumenmann über den Blumenmond."
Er ist der Geschichtenerzähler und fliegt zu seinen Kindern.
Einige Sätze weiter heißt es: „Der Blumenmann war da."
Nur: war da?
Das kann Annalena anschaulicher ausdrücken, denke ich und zeige auf ihr
„flog ein Blumenmann". Wenn er fliegt, muss er landen. Vielleicht denkt An-
nalena so. Jedenfalls stutzt sie, überlegt kurz. Dann radiert sie und
schreibt: „landete".
Zwei Sätze weiter lese ich: „setzten sich an einen Apfelbaum."
Ich sehe einen Baum vor mir mit breitem Blätterdach. *„An oder unter?"*,
frage ich.
Annalena ist eine Weile still. Dann dreht sie ihren Rücken einem imaginären
Baum zu und schmiegt sich an. *„An!"*, sagt sie entschieden.
Ich könnte sie umarmen für ihren weichen Gesichtsausdruck beim An-
schmiegen. Plötzlich kann ich auch die Rinde spüren.

Die Kinder sind die Autoren

So wünsche ich mir das gemeinsame Nachdenken. Wenn ein Kind nach
einem Ratschlag von mir sofort sein Wort durchstreicht, macht mich das
traurig. Ich will gar nicht, dass es meinen Hinweis einfach annimmt.
Ich freue mich, wenn es sein Wort verteidigt, denn dann ist es ihm wichtig.
Nicht selten haben die Kinder andere Bilder im Kopf als ich
und kommen deshalb auf andere Wörter. Ich muss sie

... und einem fliegenden Schrank

Multikulturelle Märchen

nur fragen, dann verstehe ich sie. Und nicht selten sind die origineller als meine. Sie sind mir wie Entdeckungen. Wir lassen uns aufeinander ein und auf die Wörter.
Die endgültige Entscheidung über ihre Wörter gebe ich den Kindern, sie sind die Autoren.

„Kann ich noch ein Blatt kriegen?", höre ich Annalena rufen. Stimmt, der Geschichtenerzähler hat ja noch nichts erzählt. Sie erzählt weiter. Ich kann warten.

Ein Junge, Duc, 10 Jahre alt, holt mich mit seinen Blicken zu sich. Ich habe eine Überraschung!, funken seine Augen. Ich will ihn nicht enttäuschen. Schon bin ich bei ihm. Ein Blatt liegt auf seinem Tisch, noch ziemlich leer. Ich schaue genauer hin und muss lachen.

„Hinter 7 Bergen und 7 Wäldern, wo das Wasser Tropfen streute, guckten 7 Zwerge TV Total" …
Nach dem Anfangssatz ein Strich schräg über das ganze Blatt zum Schlusssatz: „Da blitzte die silberne Sichel des Mondes, da flimmerten die Sterne."

Der ganze stämmige kleine Kerl zappelt vor Vergnügen. *„Reingelegt!"*, ruft er. Ich hab ja gar nichts geschrieben! will er mir wohl sagen. Nur ein paar Wörter hat er geschrieben, kein Märchen, meint er. Ich meine, es ist eins, kurz, aber reizvoll. Jeder kann sich selber was hineindenken. Ich freue mich über seine originelle Idee und über seine Freude.

Wir müssen nicht TV gucken, wir gestalten unser eigenes Programm, die Kinder in der Hauptrolle.

Präsentation: Autoren lesen

„Dreiundzwanzig neue Märchen sind heute entstanden, dreiundzwanzig Märchen, von denen vor einer Stunde noch niemand etwas ahnte, auch ihr nicht. Und ihr seid die Autoren."

Von Uhrenfischen …

Multikulturelle Märchen

Ein bisschen ungläubig schauen mich die Kinder an. Autoren sollen wir sein? *"Ja, Autoren!"*, betone ich. *"Denn ihr habt euch ausgedacht, was in den Märchen geschehen soll. Ihr habt die Wörter dafür gefunden und aufgeschrieben."*

Es muss kein Schriftsteller eingeladen werden für eine Schriftstellerlesung, jeder von ihnen ist selber einer, und er soll sich so fühlen.

Annalena darf beginnen. Ich denke, ein Märchen über einen Geschichtenerzähler ist ein guter Auftakt. Sie selber denkt wohl nicht so, deute ich ihr kurzes Zurückweichen. Doch ein schneller Blick nach rechts, einer nach links und aufmunternde Blicke zurück, und schon liest sie vor:

Der Blumenmann

Eines Nachts, es war zur Zeit des Blumenmondes, flog ein Blumenmann über den Blumenmond. Er war ein Geschichtenerzähler, und immer, wenn der Mond sich teilte, wusste er, es ist Zeit, seinem Sohn und seiner Tochter eine Geschichte zu erzählen. Auf dem Heimweg machte er sich Gedanken: Was soll ich ihnen heute erzählen? Sie hatten einen sehr großen Garten auf dem Planeten Neptun. Der Blumenmann landete. Er öffnete die Gartentür und rief: „Kinder, kommt raus, ich erzähle euch wieder eine Geschichte!" Die Kinder rannten zu ihm und setzten sich an einen Apfelbaum, und der Vater sagte: „Es war einmal vor langer Zeit..." Er erzählte die Geschichte weiter. Sein Sohn, der gut zuhörte, schlief ein. Seine Tochter aber blieb wach und verstand die Geschichte. Plötzlich sagte sie: „Wir müssen noch essen, und wir haben nichts." Dabei wachte der Sohn auf. Auf einmal fielen drei Äpfel vom Blumenmond. Der Blumenmond hat sich bedankt, weil

die Geschichte ihm gefallen hatte. Also aßen der
Blumenmann und seine Kinder. Und die Kinder freuten
sich schon auf die nächste Geschichte.

Annalena, 9 J.

Wir bedanken uns bei Annalena mit Applaus und freuen uns auf das nächste Märchen.
„Ich hab auch was mit Äpfeln!", meldet sich Antje und wartet nicht auf meine Aufforderung. „Bäume", beginnt sie.

Bäume

Niemand konnte erzählen, warum die Bäume im Sommer grün sind und im Winter kahl. Leider können wir die Bäume auch nicht fragen. Und die Forscher? Na ja, wenn wir ehrlich sind, sind das alles ja nur Penner!

Antje prustet los bei dem Satz. Gleich darauf ein kurzer Blick zu mir:
Ist Frau Streit empört? Ist sie nicht. Alle wissen es doch, dass das nicht stimmt. Wir lachen.

Dann ist die Geschichte wohl jetzt zu Ende. Aber stopp mal, wenn wir das Geheimnis nicht lösen können, dann muss der Baum uns einen Trost geben. Also hört jetzt gut zu!

„Der Baum spricht jetzt", unterbricht sie sich und lässt den Baum sprechen, als spräche ein alter, weiser Mann.

Von Uhrenfischen ...

Multikulturelle Märchen

„Na gut, weil ihr das Geheimnis nicht lösen könnt, mache ich den Schluss. Also: Drei Äpfel lasse ich fallen, einen für den Erzähler, einen für den Zuhörer und einen für den, der die Geschichte verstanden hat.

Antje, 10 J.

Nicht nur Märchenerfinderin ist Antje, auch Schauspielerin. Und sie genießt ihren Auftritt.

Marvin ruckelt auf seinem Stuhl herum, sitzt mal vorn auf der Kante, zieht sich wieder zurück. Will er vorlesen und traut sich nur nicht?
„Ist es schlimm, wenn der Böse siegt?", fragt er. *„Bei mir siegt nämlich der Böse"*. Jetzt verstehe ich seine Hemmungen.
„Nein, im Leben siegt auch nicht immer der Gute", beruhige ich ihn.

Im siebenundsiebzigsten engelländischen Land lebte ein Furcht einflößender Drache, der alle Engel fraß, nur einen nicht. Dieser Engel wurde verbrannt, weil der Drache keinen Hunger mehr hatte.

Marvin, 9 J.

Ich hätte ja lieber gehört, dass der Drache den einen Engel verschont, weil er sich in ihn verliebt hat. Aber nein, das will Marvin nicht, er hat sich ein brutales Ende ausgedacht. Typisch Junge! (?)

Später liest Bojan vor:

... und einem fliegenden Schrank

115

Multikulturelle Märchen

Es waren einmal, und auch nicht irgendwo auf der weiten Welt, sondern in einem Zauberland, eine Fee und eine Elfe. Sie spielten immer zusammen. Ihre Herzen waren nett. Die zwei gingen immer zusammen und erfüllten den Kindern auf der Erde die Wünsche. Sie haben ihr Glück gemacht, nun macht ihr das eure.

Bojan, 9 J.

Fee, Elfe – typisch Junge?
Nach Drache, Fee und Elfe möchte ich nun hören, was weiter mit der Regenbogenprinzessin geschah. Roxana lässt sich nicht lange bitten.

Eines Nachts, es war zur Zeit des Blumenmondes, erwachte die Regenbogenkristallprinzessin. Sie war das schönste Mädchen im ganzen Land, weil sie von guten Feen beschenkt wurde und nicht solche Geschenke wie die Kinder heutzutage kriegte, sondern eine Krone, die aus vielen Kristallen bestand, die sie jeden Tag trug. Eines Tages, am Wasserfall, verlor sie einen Kristall. Sie weinte sieben Tage, sieben Stunden und sieben Sekunden, dann fasste sie einen Entschluss. Sie fragte den Zauberer Wunderbar, und er gab ihr eine Glocke, die sie beim Tauchen läuten sollte. Das tat sie dann auch, und plötzlich schwebte der Kristall aus dem Wasser genau in ihre Hände. Da war sie so glücklich, dass sie ein Fest veranstaltete, wozu sie alle Leute aus dem Land einlud. Es war das schönste Fest, das es je gab.

Roxana, 9 J.

Multikulturelle Märchen

Das Märchen wirkt zauberhaft. Ich sehe es den Kindern an. Und was ist aus der kleinen Feder geworden? Schwebt sie noch immer im Raum?

Nein, sie ist in einem Märchen gelandet. Hanna wird es gleich vorlesen.

> Niemand konnte erzählen, wo die braun-weiß gepunktete Feder wohl herkam. Nur einer wusste es, nämlich ich. Ich hatte es herausgefunden, weil ich mit meiner Mega-super-schnell-Rakete in eine andere Galaxie flog. Ich wunderte mich, warum vor mir ein gelber Planet auftauchte und dachte, guck doch mal, was da vor sich geht. Als ich landete, wunderte ich mich, denn ich wurde von braun-weiß gepunkteten Hühnern empfangen. Noch mehr wunderte ich mich, als sie anfingen, meine Sprache zu sprechen und mich zum Tee einzuladen. Kurz bevor ich den Rückflug antrat, erfuhr ich, dass dies die neuste Mode war. Zum Abschied schenkte ich ihnen mein Planetenfahrzeug und sie mir einen Sack Federn. Ich muss wohl eine verloren haben. Ich hatte Glück gehabt und nun habt ihr das eure!
>
> **Hanna, 10 J.**

„He, wenn du deine Rakete weggibst, wie kommst du denn dann wieder runter?", will ein Junge wissen, der sich alles sehr genau vorgestellt hat. Ein Kompliment für die Märchenerzählerin, aber schlecht für Hanna, die jetzt antworten soll. Sie stutzt, überlegt.
„Musst du ihnen denn unbedingt dein Fahrzeug geben?", will ich ihr helfen. (Ich habe schnell durchprobiert: Es geht auch ohne.)

... und einem fliegenden Schrank

Multikulturelle Märchen

"Was soll ich denn sonst schenken? Ich will ihnen doch auch was schenken."
Dieser Antwort will ich nicht widersprechen. Der Satz bleibt im Märchen.
"Es kann ja eine Zauberfeder sein", fällt Hanna ein.
Die Jungs überzeugt die Antwort nicht. Aber ich freue mich, dass Hanna sich märchenhaft zu helfen wusste.
Nach all den Märchen der Kinder könnte auch ich eins erzählen:
„Es war einmal, und auch nicht irgendwo auf der weiten Welt, sondern in einer Bibliothek, ein kleiner Schüler, der sollte ein Märchen erzählen. Das fiel ihm schwer. Da bekam er (natürlich von einer guten Fee) einen Anfangs- und einen Schlusssatz geschenkt und schrieb los, denn die beiden Sätze besaßen Zauberkraft …"
Nein, es ist kein Märchen, Dustin hat wirklich losgeschrieben.
Sehr stolz liest er nun vor:

Es war einmal, und auch nicht irgendwo auf der weiten Welt, sondern in einem Zauberland, da war ein kleiner Lehrling, dem das Zaubern schwerfiel. Der Lehrer sagte zum Lehrling, der Merlin hieß, dass er eine Zauberprüfung machen soll. Merlin wusste nicht, was er zaubern sollte. Circa zwei Zauberwochen später war die Prüfung. Vor Überraschung, dass Merlin nicht zauberte, lachten ihn die Zuschauer aus. Merlin wollte sich wegzaubern, doch weil er keine Ahnung vom Wegzaubern hatte, zauberte er aus Versehen einen Clown, und die Lehrer und die anderen Schüler kugelten sich vor Lachen und hielten ihre Bäuche.

Dustin, 10 J.

Der kleine Zauberlehrling Merlin könnte Dustin heißen, und wir sind die Lehrer und Schüler.

Von Uhrenfischen …

Multikulturelle Märchen

Weiter geht es in der Runde mit Geschichten aus dem Märchenland.
Maria erzählt von den „Siebien", einem Waldvolk, das „hinter 7 Bergen und 7 Wäldern lebt, wo das Wasser Tropfen streut."
Timm war im „siebenundsiebzigsten engelländischen Land" und hat dort einen kleinen lila Drachen entdeckt, der in einer riesengroßen Zauberblume wohnt.
Benjamin hat in dem Land Fantasien, also „nicht irgendwo auf der weiten Welt", ein spannendes Abenteuer erlebt. Eine Welle spülte ihn auf eine Insel, die von einem Drachen beherrscht wird, den er natürlich besiegt hat.
Drei Äpfel fielen von einem Baum: einer für den Erzähler, einer für den Zuhörer und einer für den, der die Geschichte verstanden hat.
Dreiundzwanzig Äpfel müsste ich zum Schluss verteilen, für jedes Kind einen, als Honorar und weil mir ihre Märchen so gut gefallen haben.
Meine Augen sagen danke!

Von Uhrenfischen ...

Märchen-Werkstatt 3:

ANDERs reiSEN

oder: Märchenhafte Reisen mit fliegenden Koffern
und Schränken, schwebenden Seifenblasen
und anderen fantasievollen Reisegefährten …

Bekannte Märchen und märchenhafte Geschichten
regen die Kinder zu eigenen Märchen an.
Sie stellen sich fantasievolle Reisen vor und schreiben sie
so anschaulich auf, dass alle sie miterleben können.

Es war ein merkwürdiger Koffer. Sobald man auf
das Schloss drückte, konnte der Koffer fliegen.
Er drückte, und husch! flog er mit ihm durch den
Schornstein hoch über die Wolken, weiter und
weiter. …
aus: Hans Christian Andersen
„Der fliegende Koffer"

Im Traum erschien ihm das Hündlein, welches ihm
im Hause der Frau Ahavzi zu den Pantoffeln ver-
holfen hatte und sprach zu ihm: >> Lieber Muck,
du verstehst den Gebrauch der Pantoffeln noch
nicht recht; wisse, dass wenn du dich dreimal
auf dem Absatz herumdrehst, so kannst du hin-
fliegen, wohin du willst. …«
aus: Wilhelm Hauff
„Die Geschichte vom kleinen Muck"

Dann öffnete sie, obgleich es gar nicht regnete, mit
einer raschen Bewegung den Schirm und schwenkte
ihn über den Kopf. … Der Wind trug sie dahin, so
dass ihre Fußspitzen den Gartenweg kaum noch
streiften. Dann hob er sie übers Gartentor. …
aus: Pamela Lyndon Travers „Mary Poppins"

Vor Mut und Diensteifer, fast ein wenig allzu rasch,
stellte ich mich neben eine der größten Kanonen,
die soeben nach der Festung abgefeuert war
und sprang im Hui auf die Kugel, in der Ab-
sicht, mich in die Festung tragen zu lassen. …
aus: Gottfried August Bürger „Wunderbare Rei-
sen | Feldzüge und lustige Abenteuer des Frei-
herrn von Münchhausen"

ANDERs reiSEN

In aller Kürze

Material: ein kleiner Koffer, Märchenbücher von H. Ch. Andersen und Hauff, J. Barries „Peter Pan", P. L. Travers „Mary Poppins", G.A. Bürgers „Münchhausen" o.a. Geschichten von seltsamen Reisen, evtl. seltsame Reisegefährte (Papierboot, kleiner Schirm u.a.)

Arbeitsschritte:

➲ Die Situation „Verreisen" vorspielen.

➲ Mit der Aufschrift „ANDERs reiSEN" auf dem Koffer zum Thema führen.

➲ Mit Zitaten aus „Der fliegende Koffer" und „Der standhafte Zinnsoldat" das Thema vertiefen.

➲ Andere Märchen und Geschichten zum Thema in Erinnerung bringen (Ritt auf der Kanonenkugel, Flug mit einem Schirm u.a.).

➲ Tätigkeiten bewusst machen, die die Gegenstände zu Reisegefährten werden lassen (Kofferschloss drücken, Schirm öffnen, usw.).

➲ Vorstellungen wecken, warum jemand verreisen will und wohin. Anschaulich davon erzählen lassen.

➲ Hinführung zur Schreibaufgabe: eine märchenhafte Geschichte über eine seltsame Reise erzählen.

➲ Vermitteln, was im Märchen zu lesen sein soll: Wer verreist? Warum und wohin? Wie geschieht es?

➲ Beim Schreiben in die Ideen der Kinder versetzen. Ihnen helfen, ihre Ideen ausführlich aufzuschreiben.

➲ Beim Vorlesen sich in das Geschehen versetzen, mitfühlen.

Variante: Die Kinder können auch mit Zitaten aus Märchen und Geschichten von seltsamen Reisen auf das Thema eingestimmt werden (siehe Deckblatt S. 121). Sie erkennen, dass jedes Mal ein Gegenstand zum Reisen genutzt wird.

ANDERs reiSEN

„Ich bin froh, weil ich meinen Gedanken und Gefühlen nachgehen kann."

Alexander, 8 Jahre

„Erzähl mir doch keine Märchen!" Ein zorniger Blick und eine energische Stimme gehören zu diesem Satz. *„Schwindel mir doch nichts vor!",* soll er heißen, wenn der Sohn (es kann auch die Tochter sein) erklärt hat, warum sein Zimmer auch nach drei Aufforderungen immer noch nicht aufgeräumt ist. Gewiss hat er eine tolle Geschichte erzählt, von einem Flug mit dem Schrank vielleicht oder davon, dass die Bücher, Strümpfe und Pokemon-Karten plötzlich Fangen spielen wollten. Aber Andersen, Hauff und Barrie waren auch einmal „nur" Hans-Christian, Wilhelm und James. Früh übt sich, nicht nur, wer einmal ein berühmter Märchenerzähler werden will. Und früh ermutige man ihn: Erzähl Märchen!

Einstimmung: In Szene setzen

Wer verreisen will, muss seinen Koffer packen. Die Kinder wissen nicht, dass sie auf Reisen gehen werden, aber mein Koffer ist auch für sie gepackt. Während ich die Stühle zum Kreis stelle, schaue ich in Gedanken noch einmal hinein. Ein gefaltetes Papierschiffchen liegt darin, ein kleiner Teppich, eine Figur, Märchenbücher. Nein, T-Shirts und Socken zum Wechseln brauchen wir nicht, wir bleiben ja hier im Raum.
Mit einem Stuhl in der Hand fällt mir ein: Fürs Verreisen muss man sich auch anziehen. Also schnell noch Jacke und Schal holen und an den Haken hängen.

Schon sind die Kinder da, sitzen um mich herum, warten. Wortlos stehe ich auf. Ich gehe zum Kleiderständer, wickle umständlich meinen Schal um den Hals, schlüpfe in die

... und einem fliegenden Schrank

ANDERs reiSEN

Jackenärmel und knöpfe sorgsam meine Jacke zu. Plötzlich höre ich von allen Seiten Rufe:
„Wollen Sie weggehen?" „Sind wir Ihnen zu laut?", „Tschüss!"
„Spielen wir Blinde Kuh?", „Wollen Sie auch meine Mütze?"
„Jetzt hat sie keine Lust mehr. Schade." (Es kam wirklich „Schade.")

Sich anregen lassen

Herrlich, wie spielerisch die Kinder die Situation aufgreifen. Und für mich eine tolle Chance: Mit ihren Zurufen machen sie mich zur Schauspielerin. Was mir anfangs nur als einfache Anziehszene eingefallen war, gestalte ich nun spontan zu einem aufgeregten „Zum-Zug-Rennen-Sketch":
Ich erschrecke nach dem Blick zur Uhr, greife hastig zum Koffer, keuche beim Rennen, verzweifle („Ich komm zu spät!"), renne doch weiter und plumpse zum Schluss auf meinen Platz. Die Kinder klatschen Beifall. Aber sie selber haben das ganze lebhafte Spiel aus mir herausgeholt, haben mich angetrieben mit ihren Blicken, mit ihrem Lachen.

Erst jetzt wenden sie dem Koffer, der eigentlich als Blickfang gedacht war, ihre Aufmerksamkeit zu. Ich hebe ihn hoch und drehe ihnen dabei demonstrativ den Deckel zu.
„ANDERs reiSEN", steht dort in großer Schrift auf einem aufgeklebten Blatt. Sie lesen, stutzen, flüstern. Dann wie kleine Explosionen:
„Anders reisen!", „Und Andersen!", „Der fliegende Koffer!"
Sie sind aufs Thema gekommen.

Anleitung: Märchen produktiv machen

Wir setzen uns nun selbst in den Koffer. Mit etwas Fantasie passen wir alle hinein. Mit einem Zitat starte ich das Flugprogramm:

Von Uhrenfischen ...

ANDERs reiSEN

> Es war ein merkwürdiger Koffer. Sobald man auf das Schloss drückte, konnte der Koffer fliegen. Er drückte, und – husch! – flog er mit ihm durch den Schornstein hoch über den Wolken, weiter und weiter ...
>
> aus: **Hans Christian Andersen**: Der fliegende Koffer

Ich drücke und drücke, aber der Koffer rückt und rührt sich nicht.

Da müssen wir eben umsteigen, vielleicht aufs Faltboot, der standhafte Zinnsoldat rückt gewiss etwas beiseite für uns. Ich lese vor, was ich aus dem Märchen auf das kleine Boot abgeschrieben habe.

> Das Papierboot schwankte auf und nieder und drehte sich von Zeit zu Zeit im Kreise, dass es dem Zinnsoldaten ganz schwindlig wurde. Aber er blieb standhaft, veränderte keine Miene, sah geradeaus und schulterte das Gewehr.
>
> aus: **Hans Christian Andersen**: Der standhafte Zinnsoldat

Bei solch hohem Wellengang wollen wir nicht an Bord bleiben und natürlich auch nicht auf Däumlings Wasserrosenblatt umsteigen. Also ein anderes Reisegefährt suchen. Aber welches? Nicht nur mit Andersen können wir anders reisen, auch andere Märchenerzähler haben phantastische Reiseeinfälle, ich muss nur in meinen Koffer greifen.

Von bekannten zu neuen Märchen:

Hauffs Märchen hole ich heraus. Nicht sofort fällt ihnen der kleine Muck dazu ein. Aber ein Tipp von mir bringt sie auf den Schnellläufer und seine Pantoffeln. Bei dem kleinen Teppich

... und einem fliegenden Schrank

ANDERs reiSEN

haben sie schnell den fliegenden Teppich aus 1001 Nacht im Sinn.
Meine Münchhausenfigur bringt sie auf den Ritt auf der Kanonenkugel.
Einen Regenschirm hatte ich nicht eingepackt, den nennen mir die Kinder.
„Mary Poppins fliegt damit.", „Und der fliegende Robert aus dem Struwwelpeter." Auch Harry Potters „Nimbus 2000" ist ihnen vertrauter als mir. Koffer, Papierschiffchen, Pantoffeln, Teppich, Regenschirm, Hexenbesen, Kanonenkugel, ... „Haben Sie auch Feenstaub?"
Ich bin überrascht, wie viele Märchen in den Kindern lebendig werden.
Und ich freue mich darüber.

Koffer, Schirm, Pantoffeln und die anderen Gegenstände aus den Märchen sind jetzt genannt. Was aber muss man mit ihnen machen, um mit ihnen fliegen zu können? Meine Frage soll den Kindern die unterschiedlichen Tätigkeiten bewusst werden lassen, die den Flug auslösen.
Was sie nicht wissen, erzähle ich ihnen.
Der Kaufmannssohn drückt auf das Kofferschloss.
Mary Poppins öffnet den Schirm und schwenkt ihn über dem Kopf.
Der kleine Muck dreht sich dreimal auf dem Pantoffelabsatz herum.
Baron Münchhausen springt auf die abgefeuerte Kanonenkugel.
Drücken, drehen, schwenken, springen – die Kinder können sich alles lebhaft vorstellen beim Erzählen. Ich wünsche mir, dass sie auch so lebhaft schreiben.

Fürs Schreiben habe ich einen „Fahrplan" vorbereitet:
Wer verreist? Warum und womit verreist er? Wie geschieht die Reise?

Die Reihenfolge müssen die Kinder nicht einhalten. Aber die Fragen können ihnen helfen, zu überprüfen, ob sie alles so in ihren Märchen geschrieben haben, dass man es miterleben kann. Der „Fahrplan" ist also kein zu erfüllendes Schema, sondern eine Hilfe, die Vorstellungskraft zu wecken und zu führen. Nach der ersten Veranstaltung gingen mir Gedanken durch den Kopf: Warum war ich in der Vorleserunde so oft enttäuscht?

Nachdenken über eine andere Methode:

Mir wurde bewusst: Immer dann kam dieses Gefühl, wenn ein Märchen begann: „Ich hatte einmal eine(n) ..." (oder ähnlich).

126 Von Uhrenfischen ...

Von Mal zu Mal wirkte das eintöniger. Für mich. Für die Kinder nicht. Jedes Kind hört sein Märchen wie ein ganz einmaliges (und so soll es das auch empfinden). Ich aber vermisste die Kinder in ihren Geschichten.
Sie klangen mehr nach Gebrauchsanweisungen als nach Märchen.
Ich rief mir meine Fragen ins Gedächtnis. Immer wieder hatte ich nach dem Gegenstand gefragt, mit dem sie reisen oder reisen lassen wollen und immer wieder danach, wie sie ihn in Aktion bringen. Dafür hatte ich ihre Vorstellungskraft herausgefordert.

Die Frage nach dem Motiv der Reise, also warum die Person weg will, war mir nicht so drängend in den Sinn gekommen. Aber gerade dieser Einstieg kann die Kinder gleich in ihre Geschichte führen, kann sie lebendiger machen. Schon beim nächsten Mal erlebte ich es so. Sie sprudelten los, als ich nach Situationen fragte: „Ich werde sauer, wenn meine kleine Schwester immer mit meinen Spielsachen spielt."
„Ich wollte immer mal auf die Zauberschule nach Hogwarts."
„Es war einmal ein Ritter, der musste zu seiner Burg zurück …"
„Wenn meine Mama sagt, dass ich aufräumen soll, will ich am liebsten auf den Mond abhauen."
Mit ihren Gedanken waren sie in ihrem Leben. Die Technik brauchten sie dann nur noch für die Erfüllung ihrer Pläne. Der Harry-Potter-Fan erfand beim Schreiben einen fliegenden Bus, der Ritterfan Fabian einen fliegenden Sessel. Ob die große Schwester ihre nervende kleine Schwester oder sich selbst auf eine Reise geschickt hat, wurde nicht geschrieben. Aber Hauptsache, es wurde erst einmal erzählt. Schon fliegen Ideen durch den Raum, die Kinder müssen nur noch zugreifen.

Gestaltung: In Ideen versetzen

Da sitzen sie nun vor ihren weißen Blättern. Wünschen sie sich, sie könnten darauf fortfliegen? Mein Wunsch geht in Erfüllung, sie schreiben.

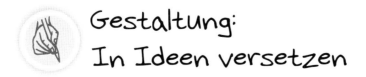

ANDERs reiSEN

Franziska schwebt in einer Seifenblase ins Traumland, *„weil man da so gut träumen kann."* Träumerin Franziska. So verträumt wirkte sie gar nicht im Gespräch.

Charleen hat einen Jungen erfunden, der im Fahrstuhl auf einen Knopf drückt. Plötzlich machte es *Drrrschirr*! Er guckt raus und schreit: „Hilfe, ich fliege mit dem Fahrstuhl!" Ihre Überschrift sagt: Er fliegt ins Posterland. Ich will ihn nicht aufhalten und auch Charleen nicht.

Ich merke, die Kinder haben einen guten Griff. Blatt für Blatt spüre ich es. Auch Lisa hat eine Idee gepackt. „Däumelina war auf ihre Eltern sauer, weil sie immer was zu meckern hatten. Sie ging zu einem See. Als sie am Strand ..." Ich denke, da wird wohl Lisa in ihrer Däumelina stecken. Gute Reise – und gute Wiederkehr – wünsche ich ihr von Herzen.

Als ich Minhs Zeilen lese, muss ich lachen.

Die Bananenschale

Ich war auf dem Weg zur Schule. Auf dem Weg lag eine Bananenschale. Ich bemerkte sie nicht und lief weiter, bis ich darauf getreten bin. Ich rutschte weiter, weiter und weiter, bis ich auf einer Wolke landete. Und nur wegen einer Bananenschale ...

Ich sehe richtig, wie Minh mit Schwung abhebt, als wäre die Bananenschale ein Düsenskateboard. Und ich sehe ihn auf der Wolke sitzen und vergnügt mit den Beinen baumeln.
„Aber wie bist du denn wieder runtergekommen, du sitzt doch jetzt auf der Wolke?" Das hatte Minh gar nicht bedacht. Er lacht noch immer über seine Geschichte (in ihm ist wohl ein ähnlicher Film abgelaufen wie in mir) und freut sich über seinen letzten Satz. Punkt und fertig! – meint er. Aber ich nicht. In Minh steckt noch mehr Fantasie.
„Du hattest doch bestimmt keinen Regenschirm mit", reize ich ihn.

Von Uhrenfischen ...

ANDERs reiSEN

„Ich mach's doch nicht wie Mary Poppins!", empört er sich. – „Einfach runterspringen ist dir auch nicht zu raten."
Es hilft nichts, Minh muss noch einmal rauf auf die Wolke. Und ich lasse ihn dort sitzen. Lange wird er es nicht aushalten, hoffe ich. Zu Recht. Wenig später kann ich lesen:

... Ich schrie und schrie und keiner hörte mich. Eines Tages gab es ein Gewitter. Die Wolke, auf der ich drauf war, regnete auch. Es waren so große Tropfen, dass ich mich sogar an ihnen festhalten konnte. Ich fiel auf die Erde und sah die Bananenschale. Ich ging einfach vorbei.

Minh 8 J.

Toll, wie Minh sich wieder in seine Geschichte versetzt und wie einfallsreich er sie weitergeführt hat. Regentropfen als Fallschirme. Auf so eine Idee muss man erst mal kommen. Ich musste nur den Startknopf drücken, fantasiert hat er selber.

Eine eigene Idee entwickeln:

Mir fällt die erste Schreibwerkstatt wieder ein, als ich noch vom Gegenstand als Auslöser für die Märchen ausging. Zozan saß schon lange vor ihrem leeren Blatt und wurde sichtlich unzufrieden und ungeduldig. Ich wollte ihr helfen und fragte, welchen Gegenstand sie sich vorstellt. Keine Antwort. „Ein Handy vielleicht?", schlug ich ihr vor. „Nein, ein Handy, das passt nicht zu mir." „Ein Skateboard?" „Nein, das ist was Jungenmäßiges."
Ich fragte, was zu ihr passt. „Auf jeden Fall was Buntes."
Ich sagte ihr, ich finde es toll, dass sie nicht irgendeinen Gegenstand nehmen will, sondern einen, der zu ihr passt.

... und einem fliegenden Schrank

 ANDERs reiSEN

Ich kann (und will) den Kindern nicht meine Vorstellungen geben. Ich kann sie zu ihnen führen, ich kann Bilder in ihnen wecken, die in meinem Kopf sind. Manche Kinder brauchen solch eine suggestive Hilfe, um in ein Märchen, in eine Geschichte zu kommen. Aber richtig froh machen mich ihre Sätze dann nicht. Auf die Idee ist es doch gar nicht selbst gekommen, die hast du ihm doch fast in den Füller gesagt, flüstert mir mein Gewissen zu, wenn mir ein Kind dann stolz sein Blatt präsentiert. Doch für diese Kinder ist sie wie die eigene, und sie freuen sich darüber. Sonst hätten sie vielleicht gar kein Märchen geschrieben.

In Zozan wuchs schon eine Vorstellung, das spürte ich. Sie musste nur in sich hineinlauschen, musste die Idee nur noch wachsen lassen. Mein Teil war getan. Ihr Märchen erzählte dann von einem Kassettenrekorder, aus dem Musik ertönt. Und auf dieser Melodie schwebte sie ins Tanzland, denn zu Zozan passt das Tanzen. Sie tanzt so gerne, sagte sie.

Ich schaue hoch und wieder von Blatt zu Blatt. Laura ist auf ihrer Wolkeninsel gelandet. Kiou hat eine Reisejacke angezogen. Paul lässt sein Handy fliegen. Tim klettert die Notentreppe hoch ins Süßigkeitenland.
Es ist eine Spannung in mir, während ich den Kindern beim Schreiben zusehe. Ich will ihre Märchen hören. Es dauert nicht mehr lange, dann werden wir alle mit Kai im Schrank sitzen.
Anschnallen bitte, wir starten!

 Der fliegende Schrank

Es war ein kleiner Junge. Er hieß Kai. Er wollte immer nur lesen. Seine Eltern sagten andauernd: „Hör auf zu lesen, ansonsten stecken wir dein Buch in den Schrank!" Sie packten das Buch und steckten es in den Schrank. Kai wurde sauer. Es sprang in den Schrank zu seinem Buch. Da fand er noch ein Buch. Er wollte es gerade hochheben, da zischte es und der Schrank hob ab. Er trug Kai in das Leseland, und dort durfte er die ganze Zeit lesen.

Elli, 8 J.

ANDERs reiSEN

Präsentation:
In Märchen hineinhören

Gelandet! Auch wir sind im Leseland, im Vorleseland.
In mir ist seit Jahren ein Satz aus einem Literaturgespräch wach geblieben:
„Jedes Märchen, jede Geschichte spricht auf persönliche Weise im Menschen. Er muss nur hineinhören, in die Geschichte und in sich, muss auf jeden Widerklang hören."
Ich höre den Kindern zu, will nichts überhören. In ihren Märchen sagen sie auf sehr persönliche Weise auch viel über sich. Ich mache meine Ohren groß und mein Herz weit dafür.
Zuhause lese ich die Kopien. Wieder sehe ich die Kinder um mich sitzen, höre die Blätter in ihren Händen rascheln, spüre ihre Aufregung beim Vorlesen, ihre Verlegenheit und ihre Freude beim Applaus. Ich erlebe die Runde noch einmal, nun mit aufmerksamen Augen für ihre Märchen vor mir auf dem Tisch.
Robert gehört sichtlich nicht zu den Großen der Klasse. Sein Märchenbeginn passt zu ihm, auch wenn er dem kleinen Fußballer nicht seinen Namen gibt.

Der Fußballer

Es war einmal ein kleiner Fußballer. Er wollte unbedingt ein Tor schießen, aber er hatte einfach kein Glück. Zuhause dachte er nach, aber er kam nicht drauf, warum er nicht ins Tor traf. Im Training schoss er 20 Tore, aber im Spiel keins. Er war traurig. Am Wochenende schoss er so doll, dass er mit dem Fuß am Rasen hängen blieb und beinahe hinfiel. Er griff nach dem Ball. Zusammen mit dem Ball krachte er ins Tor. Seine Mannschaft jubelte, denn endlich hatten sie ein Spiel gewonnen. Der Junge war sehr, sehr glücklich.

Robert, 1o J.

131

ANDERs reiSEN

„Spielst du Fußball?", wollte ich wissen. *„Na klar!"*, war die nachdrückliche Antwort. *„Und schießt du auch Tore?" „Manchmal"*, kommt es etwas leiser. Mit seinem Märchen hat Robert ins Tor getroffen und hat Beifall bekommen. Er wird wohl noch mehr Tore schießen, auf dem Papier und auf dem Fußballfeld. Ich drücke ihm beide Daumen.

Als Kiou sein Märchen vorlas, ließ mich ein Satz aufmerken: *„Kious Mutter brüllte ihn an."* Das harte Wort passte gar nicht zu dem rundlichen Jungen mit dem freundlichen Gesicht. Das „Anmeckern" (so habe ich es bei anderen Kindern gelesen) muss ihn getroffen haben. Ja, Streit mit den Eltern kann nachklingen. Nicht immer gilt, was oft gesagt wird: zum einen Ohr rein und zum anderen wieder raus. Oft nimmt er den Weg über die Seele, und dort bedrückt er, nicht nur die Kinder.

Kiou und die Jacke

Es war einmal ein Junge, er hieß Kiou. Er war sehr tollpatschig. Einmal kam er von der Schule zurück und war sehr durstig. Er nahm eine Tasse aus dem Schrank, und die Tasse fiel runter. Kious Mutter hörte das. Sie kam zu ihm und fragte: „Warst du das, Kiou? War das meine Lieblingstasse?" Er sagte: „Ja." Kious Mutter brüllte ihn an: „Du hast 2 Wochen Hausarrest!" Kiou wollte fliehen. Er nahm seine Jacke und sprang aus dem Fenster. Plötzlich regnete es. Kiou zog seine Jacke an und die Kapuze über den Kopf. Auf einmal flog er. Er hat rausgefunden, wieso. Wenn er die Jacke überzog, flog er, wenn er sie wieder abzog, landete er. Kiou hat seine Jacke immer anbehalten.

Kiou, 10 J.

Von Uhrenfischen …

ANDERs reiSEN

Auch Pauls Sätze klingen in mir nach.

Das fliegende Handy

Ich rief mit meinem Handy meinen Vater an. Seine Nummer war 936XXX. Und auf einmal flog das Handy weg. Ich wusste nicht, wo es hingeflogen war. Plötzlich kam mein Vater zu mir. Er sagte: „Paul, dein Handy ist zu mir geflogen. Ich komm dann zu dir." Mein Vater kam zu mir. Dann rief ich meinen Bruder an. Seine Nummer war 073XXXXXXXX. Da flog mein Handy wieder weg. Es flog zu meinem Bruder nach Hause. Da kam mein Bruder auch zu mir. Da suchte ich mein Handy. Es war bei meiner Mutter. Sie kam auch dazu.

Paul, 10 J.

Den Kindern gefiel die Vorstellung, dass das Handy von einem zum anderen fliegen kann und dass Paul so genaue Nummern geschrieben hat. Paul hatte sicher auch Vergnügen dabei. Für mich spricht auch eine Sehnsucht aus Pauls Märchen, eine Sehnsucht, die er sich mit dem Handy erfüllen möchte. Die Frage danach habe ich in mir behalten. Was hätte ich ihm so schnell sagen können?

Schwuppdiwupp! Dieses Wort sprang aus Florians Märchen, sprang auf uns zu und schon zappelten wir mit auf Falkos Schraube. Vergessen war der traurige Beginn.

... und einem fliegenden Schrank

133

ANDERs reiSEN

Die fliegende Schraube

Es war einmal ein Junge namens Falko. Seine Eltern waren sehr arm. Als sie beschlossen, dass sie kein Geld mehr für Falko haben, wollten sie ihn ins Heim bringen. Das hörte Falko, und daraufhin haute er ab. Auf der Straße fand er eine Schraube mit einer Mutter dran. Als er sie aufhob, war er – schwuppdiwupp – in Däumelinchengröße. Er setzte sich auf die Schraube und sprang in eine Pfütze. Als er unterging, zappelte er und schraubte dabei die Mutter fest. Da flog er plötzlich samt Schraube los. Als er über dem Schlaraffenland war, drehte er die Mutter lose und landete. Er fand viele Freunde und Freundinnen. Die Schraube aber flog wieder in Falkos Heimat, damit die nächsten Kinder zu den Schlaraffen kommen können.

Florian, 11 J.

Wenn es auch schön ist im Schlaraffenland und noch schöner im Märchenland, wir steigen doch von der Schraube und klettern aus dem Schrank. Die Märchen kommen in den Koffer, für eine neue Reise.
In Andersens Märchen ist der Koffer verbrannt. Ein Funke von einem Feuerwerk hat ihn entzündet. Unser Koffer bleibt.

Das Feuerwerk der Kinderideen soll andere entzünden.

Von Uhrenfischen ...

ANDERs reiSEN

Märchen-Werkstätten abschließen und weiterführen

Ein Tisch ist ein Tisch. Aber Kinder verwandeln ihn in eine Höhle, eine Brücke, ein Boot und schon sitzen sie drin oder fahren mit ihm übers Meer. Auch ein Wort kann mehr bedeuten als im Wörterbuch steht. Man muss sich nur auf das Wort einlassen, muss es wirken lassen. Vorstellungen und Gefühle tauchen auf, werden zu Bildern und neuen Wörtern. Wer dies einmal intensiv erlebt hat, weiß, welch ein Glück das ist.

Kinder brauchen immer wieder unsere Anregungen. Wir müssen sie dazu verführen, die Wörter zu genießen. Aber selten haben sie die Geduld dafür. Sind sie auf ein Wort gekommen, wollen sie schon zum nächsten springen. Wir müssen ihnen behutsame Begleiter sein.

... und einem fliegenden Schrank

 Mein Credo

Kinder stark machen – Kinder machen stark

Der erste Satz ist mir auf einem Anti-Drogen-Plakat aufgefallen und hat sich sofort in Kopf und Herz eingenistet. Der zweite ist in mir entstanden. Er ist mir mehr als nur ein Wortspiel. Beide Sätze sind mir Leitmotiv für meine Arbeit geworden, jeden Tag lebe und erlebe ich sie neu.
Und neue Sätze haben sich aus ihnen ergeben.

Ein Satz sagt:
Nicht nur für die Kinder, sondern immer mit den Kindern.
Mir ist wichtig, dass die Kinder die Nuancen der Sprache nutzen können, mir ist wichtig, dass sie ein Akrostichon schreiben können, mir ist alles wichtig, was ich ihnen vermitteln will – aber viel wichtiger ist mir, was dabei in ihrer Seele geschieht. Für die Kinder formuliere ich die Themen, für sie bereite ich sie auf – und nur mit ihnen kann ich sie wirken lassen.

Ein anderer Satz sagt:
Auf die Kinder hören.
Ein Mädchen hatte auf ihrem Blatt einen Koffer auf einem Podest gemalt und darunter „Kofferinsel" geschrieben. *„Bei mir ist eine Insel immer eine Palme auf gelbem Sand mit Wasser drumherum"*, stutzte ich.
„Wieso, es gibt doch auch Verkehrsinseln!", wies das Mädchen meinen Einwand zurück. Es war, als hätte sie mir Scheuklappen von den Augen genommen. Blitzschnell wurde mir klar: Ich ermutige die Kinder, ihre Fantasie treiben zu lassen, aber selber halte ich meine Vorstellungen in Schubladen. Das Mädchen hat mir meinen Kopf freier gemacht, aber nur, weil meine Ohren offen waren für sie, weil meine Ohren offen sind für die Kinder.

Ein dritter Satz sagt:
Die Kinder ernst nehmen.
„Schreiben Sie das jetzt auf, was ich gesagt habe?", fragen die Kinder oft staunend, wenn sie sehen, dass ich mir Notizen mache.
Ja, ich will mir merken, was die Kinder sagen. Es ist mir wichtig. Es ist originell. Sie kommen auf Gedanken, auf die ich nie gekommen wäre.
Das denke ich nicht nur, das sage ich auch den Kindern. Ich sage es ihnen nicht nur, ich lasse es sie auch spüren. Sie haben ein feines Gespür dafür. Und es ist ihnen wie ein Geschenk. Aber sie beschenken auch mich.

 Von Uhrenfischen ...

Mein Credo

Der (vorerst) letzte Satz sagt:
Den Kindern vertrauen.
Es ist nicht immer so, dass mir die Kinder gelegen kommen. Manchmal bin ich abgespannt oder hatte Ärger, manchmal bin ich einfach nicht in der Stimmung für eine lebhafte Gruppe und habe Befürchtungen, ob mir die Schreibwerkstatt gelingt. Aber ich kann mich auf die Kinder verlassen: Kaum sind wir zusammen, machen sie mich munter, und jeder Ärger ist verflogen. Ich muss mich nur auf sie einlassen wie sie sich auf mich.
Wie sie zuhören, wie sie kommentieren, antworten, fragen, erzählen, das ist eine Freude. Noch nie habe ich es anders erlebt. Vertrauen können gibt Selbstvertrauen. Wir geben es einander.

Einen Satz habe ich mir bis zum Schluss aufgehoben, den Satz eines Kindes, den ich auch mir wünsche:

„... gelang mir ein Traum."

Julia, 11 J.

Medientipps

Erika Altenburg et. al.:
Kinder verfassen Texte. Schreibkompetenzen fördern und bewerten.
Ab Kl. 2, Oldenbourg, 2010.
ISBN 978-3-637-00638-6

Ingrid Böttcher (Hrsg.):
Kreatives Schreiben – Grundlagen und Methoden.
Kl. 2–4, Cornelsen Scriptor, 2010.
ISBN 978-3-589-05154-0

Barbara Fairfax, Adela Garcia:
Zum Schreiben verführen. Über 100 Schreibanlässe für eigene Klapp-, Falt- und Pop-up-Bücher.
Kl. 2–4, Verlag an der Ruhr, 2009.
ISBN 978-3-8346-0482-8

Marion Gay:
Türen zur Fantasie. Kreatives Schreiben im Unterricht mit 100 Schreibspielen.
Kl. 2–13, Autorenhaus, 2008.
ISBN 978-3-86671-045-0

Andrea Geffers:
Vorlesetheater – das Praxisbuch. Unterrichtsvorschläge, Materialien und Vorlesetexte.
Kl. 1–4, Verlag an der Ruhr, 2009.
ISBN 978-3-8346-0424-8

Steffi Geier-Hagemann:
Literatur-Kartei „Der Buchstaben-Fresser".
Kl. 1/2, Verlag an der Ruhr, 2004.
ISBN 978-3-86072-908-3

Astrid Krömer:
Was sagt der Tiger? Kinder und Jugendliche lernen kreatives Schreiben.
Autorenhaus, 2006.
ISBN 978-3-86671-015-3

Nicole Lohr, Jutta Schmeiler:
Auf die Bücher, fertig, los! Die Werkstatt zu Ganzschriften im Unterricht.
Kl. 3/4, Verlag an der Ruhr, 2009.
ISBN 978-3-8346-0484-2

Salome P. Mithra:
77 Methoden für den aktiven Umgang mit Texten.
Kl. 1–4, Verlag an der Ruhr, 2010.
ISBN 978-3-8346-0689-1

Frank Müller:
Lesen und kreatives Schreiben.
Die Freude am Wort wecken.
Kl. 1–13, Beltz, 2007.
ISBN 978-3-407-62592-2

Sabine Quandt:
Literatur-Kartei „Post für den Tiger". Differenzierter Lesebegleiter und Themen-Module.
Kl. 1/2, Verlag an der Ruhr, 2011.
ISBN 978-3-8346-0711-9

Von Uhrenfischen ...

Der Uhrenfisch

Es gibt einen Fisch im Wald, wo sehr komische Fische leben, zum Beispiel ein Jagdfisch oder ein Sturmfisch. Aber einer, der übertrifft alle anderen, er springt fast zwei Meter hoch aus dem See, rollt mit seiner Flosse eine Uhr in die Luft und zeigt die Zeit an. Das finde ich gut, da können Spaziergänger mir zu spät nach Hause gehen.

Tanja L.
10 J.

Justine   9 Jahre

Ich möchte in meinem Körper bleiben. Weil mir mein Leben gefällt. Denn ich habe Freunde, die alle zusammenhalten und ich habe sehr Liebe Eltern. Also was soll mir an' mein Leben nicht gefallen?

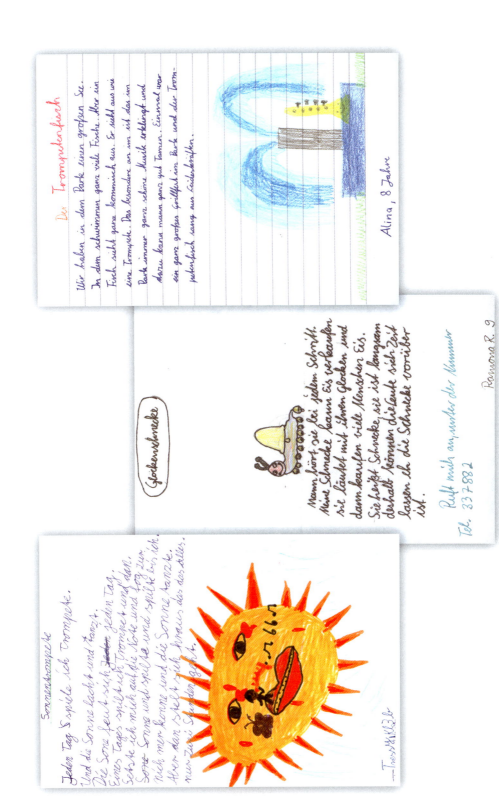

Der Trompetenfisch

Wir haben in dem Park einen großen See. In dem schwimmen ganz viele Fische. Hier ein Fisch sieht ganz komisch aus. Er sieht aus wie eine Trompete. Das besondere an ihm ist, das im Park immer ganz schöne Musik ertönt und diese kann mann ganz gut Tanzen. Einmal war ein ganz großes grillfest im Park und der Trompetenfisch sang nur Liederkritzen.

Alina, 8 Jahre

Glockenschnecke

Wenn hört sie bei jedem Schritt. Meine Schnecke kann Eis verkaufen sie läuft mit ihren Glocken und dann kaufen viele Menschen Eis. Sie heißt Schnecke, sie ist langsam deshalb können diejenige sich Zeit lassen, die die Schnecke vorüber ist.

Ruft mich an, vorher die Nummer
Tel. 337882

Ramona R. 9

Sonnentrompete

Jeden Tag spiele ich Trompete.
Und die Sonne lacht und tanzt.
Die Sonne freut sich jeden Tag.
Eines Tages spiele ich Trompete und dann.
Schoebe ich mich auf die Note und Tag zur Sonne Sonne und spiele sie und spiele ich mich Nich nur kenne und die Sonne tanzte. Aber dan spiel ich hinaus das es aller nun zwei Stunden geht.

— Tnosestrampet.

Verlag an der Ruhr

Postfach 10 22 51
45422 Mülheim an der Ruhr

Telefon 030/89 785 235
Fax 030/89 785 578

bestellungen@cornelsen-schulverlage.de
www.verlagruhr.de

Es gelten die Preise auf unserer Internetseite.

■ **Deutsch mit dem ganzen Körper**
60 Bewegungsspiele für alle Bereiche des Deutschunterrichts
Angela Maak, Katrin Barth
Kl. 1–4, 98 S., 16 x 23 cm, Paperback
ISBN 978-3-8346-0481-1
Best.-Nr. 60481
12,80 € (D)/13,15 € (A)/20,70 CHF

■ **Zum Schreiben verführen!**
Über 100 Schreibanlässe für eigene Klapp-, Falt- und Pop-up-Bücher
Barbara Fairfax, Adela Garcia
Kl. 2–4, 91 S., A4, Paperback
ISBN 978-3-8346-0482-8
Best.-Nr. 60482
19,80 € (D)/20,35 € (A)/32,– CHF

■ **Die Satzbaustelle**
Satzbau anschaulich – mit Poster und differenzierten Arbeitsblättern
Karl Dieter Bünting
Kl. 2–4, farbiges A0 Poster + 56 S. Begleitheft A4
ISBN 978-3-8346-0619-8
Best.-Nr. 60619
17,50 € (D)/18,– € (A)/28,20 CHF

■ **Das große Wortarten-Poster**
mit Kopiervorlagen
Ulrich Hecker, Henny Küppers, Trudi Schutte
Kl. 2–4, Poster A0 + 15 S. Begleitheft A4, in praktischer Aufbewahrungstasche
ISBN 978-3-8346-0368-5
Best.-Nr. 60368
13,50 € (D)/13,90 € (A)/21,80 CHF

Spiele • Übungen • Tipps